ADAC Reiseführer

Barcelona

Gaudí-Bauten · Museen · Parks · Kirchen · Ausflüge
Bars & Cafés · Shopping · Hotels · Restaurants

Die Top Tipps führen Sie zu den Highlights

von Veronika Schroeder

Intro

Unterwegs

Leserforum

Die Meinung unserer Leserinnen und Leser ist wichtig, daher freuen wir uns von Ihnen zu hören. Wenn Ihnen dieser Reiseführer gefällt, wenn Sie Hinweise zu den Inhalten haben – Ergänzungs- und Verbesserungsvorschläge, Tipps und Korrekturen –, dann kontaktieren Sie uns bitte:

Redaktion ADAC Reiseführer
ADAC Verlag GmbH & Co. KG
Hansastraße 19, 80686 München
reisefuehrer@adac.de
www.adac.de/reisefuehrer

Barcelona Kaleidoskop

Karten und Pläne

Service

Barcelona multimedial erleben

Mit Ihrem Smartphone, Tablet-PC oder Computer können Sie viele Sehenswürdigkeiten Barcelonas nun auch in bewegten Bildern erleben. Ergänzt wird das multimediale Angebot durch Hörstücke voller Hintergrundinformationen.

1

Im Buch finden Sie bei ausgewählten Sehenswürdigkeiten QR-Codes sowie Internet-Adressen.

Reise-Video Barcelona
QR-Code scannen oder dem Link folgen:
www.adac.de/rf0097

2

Öffnen Sie den QR-Code-Scanner auf Ihrem Handy und scannen Sie den Code. Gut geeignet sind Apps wie barcoo oder Scanlife.

3

Die meisten Apps schlagen Ihnen nun ein Programm zum Öffnen des Films vor. Das iPhone startet ihn automatisch. Am flüssigsten laufen die Filme bei einer WLAN- oder 3G-Verbindung.

4

Sollten Sie kein Smartphone besitzen, dann nutzen Sie bitte die neben dem QR-Code stehende Internet-Adresse.

Bitte beachten Sie, dass beim Aufruf der Reise-Videos und Audio-Features über das Handy Kosten bei Ihrem Mobilfunkanbieter entstehen können. Im Ausland fallen Roaming-Gebühren an.

Barcelona Impressionen

Kreative Metropole zwischen Modernisme und Moderne

Barcelona zieht an: Künstler und Kunstbegeisterte, Modedesigner und Fashionvictims, Fußballfans und Filmstars, Nachtschwärmer und Tagträumer. Jedes Jahr besuchen rund 6 Mio. Menschen aus aller Welt die Metropole am Mittelmeer und bestaunen die grandiose Architektur Antoni Gaudís und die farbenfrohen Skulpturen Joan Mirós. Ausgedehnte Shopping-Touren durch die unzähligen Boutiquen der Stadt sind ebenso beliebt wie lange Nächte auf den Tanzflächen durchgestylter Diskotheken. Wer es beschaulicher mag, genießt bei Tapas und einem Glas Rotwein den milden Abend auf einem der schönen Plätze oder legt einen Tag an einem der gepflegten Sandstrände der Stadt ein.

Quicklebendige Stadt am Meer

Barcelona ist vielgestaltig und schillernd, uralt und immer wieder prickelnd jung. Es besitzt sowohl melancholische Steinwüsten als auch anheimelnde Viertel. In erster Linie ist Barcelona eine quicklebendige Metropole zwischen Hügeln und Meer. Bis ins 19. Jh. war sie in das längst zu eng gewordene Korsett einer mittelalterli-

chen Stadtmauer gepresst. Reaktion auf diese allzu lange Einschränkung war eine umfassende Stadterweiterung, **Eixample**, geplant im Rastersystem mit abgeschrägten Ecken. Gebaut wurde keineswegs nüchtern, sondern mit sichtlicher Liebe zum Prunk, zur Repräsentation. Nicht allein neu gewonnener Reichtum wurde zur Schau gestellt, sondern die eigene Geschichte alles andere als schulmeisterlich trocken aufbereitet. Begeisterung und Fantasie beflügelten Architekten und Bauherren, die eine eigene

Oben: *Antoni Gaudís schwungvolle Dachlandschaft des Modernisme: Casa Batlló*
Mitte: *Kulinarische Verlockungen bieten Barcelonas zahlreiche Tapas-Bars*
Links: *Direkt am Hafen beginnt die Flaniermeile Les Rambles und schlängelt sich dann durch die Altstadt*

Jugendstilstadt entstehen ließen. Kunstvoll vereint dieser Modernisme das raffinierte, vielfach verschlungene Linienspiel der maurischen Kunst mit den kräftigen Formen des christlichen Mittelalters.

Kataloniens Kreativstadt

Barcelona ist seit 1977 Hauptstadt der autonomen Provinz **Katalonien** und Katalanisch ist die erste Sprache in der Öffentlichkeit. Viele Bewohner verstehen ihre Region aufgrund von Geschichte und Kultur als eigene Nationalität. Eine Großdemonstration im September 2012 bekräftigte erneut den Wunsch nach staatlicher Unabhängigkeit.

Barcelona war schon immer Spaniens Tor nach Westeuropa, sein Bürgertum war zu Zeiten stark an Frankreich orientiert. Heute gilt die katalanische Metropole als Spaniens **Kreativstadt**. Spitzenrestaurants, Bars und Nachtklubs zeigen kühles, durch und durch gestyltes Design à la Barcelona. Katalanischer Formgestaltung gebührt der erste Platz innerhalb des viel gerühmten spanischen Designs. Nicht nur in den Boutiquen und auf den bedeutenden Modeschauen, sondern auch an so mancher Barcelonerin sind – mal hochelegant, mal schrill und grell – die neuesten Kreationen der hiesigen Modeschöpfer zu bewundern.

Auch die Stadt selbst verstand es seit jeher, sich herauszuputzen und sich ganz als Dame von Welt zu präsentieren. Eine Anzahl prunkvoller Bauten vom Mittelalter bis ins 21. Jh. berichtet hiervon. Barcelona ist nach Paris die am dichtesten besiedelte Millionenmetropole Europas, ihrer

Oben: *Beliebter Treffpunkt in Barcelona ist die Palmen bestandene Plaça Reial*
Links: *Im Aquarium am herausgeputzten Port Vell bietet ein Kunststofftunnel, der durch das Becken führt, phänomenale Einblicke in die Unterwasserwelt*
Rechts: *Die prachtvolle Sagrada Família ist Gaudís unvollendetes Meisterwerk*

Ausdehnung sind aufgrund der Lage zwischen Meer und Bergen jedoch Grenzen gesetzt. Daher wird heute nicht nur in die Höhe gebaut. Man hat viele historische Bauten einer neuen Nutzung zugeführt, so sind in alten Gemäuern nun moderne Museen und Galerien ansässig.

Seit den **Olympischen Sommerspielen 1992** ist Barcelona eines der beliebtesten Reiseziele Europas. Die Modernisierung des Hafenviertels **Port Vell** und die Verschönerung der Strände haben die Attraktivität Barcelonas erhöht. Rund um die Altstadt ragt heute eine schnittige Skyline mit Wolkenkratzern auf, allenthalben locken hübsche Promenaden zum Flanieren unter Bäumen, gestylte Plätze und lauschige Grünlagen zu Sport und Entspannung mitten im Getriebe.

Die Spuren der Geschichte

Die erste Stadtbesichtigung sollte in der **Altstadt** beginnen und der geschichtlichen Entwicklung Barcelonas folgen. Die **Rambles**, eine fast 2 km lange Platanenallee, die von der Plaça Catalunya bis hinunter zum Hafen führt, ist die berühmteste Flaniermeile der Metropole. Zu beiden Seiten dieser Promenade lohnen Abstecher in die Altstadtteile **Raval** (Barri Xino) und **Barri Gòtic**. Auf der anderen Seite der Via Laietana, die seit Anfang des 20. Jh. das Barri Gòtic vom Barri La Ribera trennt, liegt rund um die Markthalle des Born der Bezirk der neuen Galeristen. Daneben führt der einstige Fischerbezirk **La Barceloneta** zwischen Hafenbecken und Sandstrand zum Meer. Hier locken zahlreiche Fischrestaurants und nach

Links: *Gewagte Akrobatik – Turner als Menschenturm beim Stadtfest La Mercè*
Unten: *Das Museu Nacional d'Art de Catalunya findet man im Palau Nacional*
Rechts oben: *Schicke Restaurants, Bars und Discos – ein Mekka der Nachtschwärmer*
Rechts Mitte: *Auf bunte, Wasser speiende Echsen trifft man im Parc Güell*
Rechts unten: *Den Strand des Stadtviertels La Barceloneta ziert das Kunstwerk ›L'Estel Ferit‹ (1992) von Rebecca Horn*

dem Essen ein Spaziergang über die Promenade **Moll de la Fusta** mit ihren Palmen, Bänken und Bars bis zu den Rambles, oder in entgegengesetzter Richtung an den **Stränden** entlang. Dieser erstrecken sich bis zum Olympischen Dorf und weiter bis zum Fluss Besòs.

An der Mündung des Flusses und nahe der Gemeindegrenze zu Sant Adrià de Besòs entstand zu Beginn des 21. Jh. an der Küste ein ganz neues Stadtviertel, kurz **Fòrum** genannt. Zentrum ist der gleichnamige Platz am Meer, umgeben von Kongress- und Ausstellungsgebäuden, Hochhäusern, Parks und Sportanlagen. Von hier nimmt die Avinguda Diagonal ihren Weg wieder gen Westen und quer durch die Neustadt **Eixample** mit ihren breiten, schachbrettartig verlaufenden Straßen, ein lebhaftes Geschäftszentrum und eine Schatzkiste des katalanischen Jugendstils, des Modernisme. Bauten der katalanischen Architekten

Unterhalb steht der **Pavelló Mies van der Rohe**, ein Meilenstein der Bauhaus-Architektur als deutscher Beitrag zur Weltausstellung. Das **Poble Espanyol** zeigt Miniaturen berühmter spanischer Bauwerke. Besuchermagnet ist die **Fundació Joan Miró** mit farbenfrohen Gemälden, Plastiken und Gobelins des Katalanen Miró.

Reise-Video Barcelona
QR-Code scannen [s.S.5]
oder dem Link folgen:
www.adac.de/rf0097

Antoni Gaudí, Josep Puig i Cadafalch und Lluís Domènech i Montaner sind an jeder zweiten Straßenecke zu bewundern. Mitten durch dieses Viertel führt der Prachtboulevard **Passeig de Gràcia**. Gaudí-Liebhaber und Freunde des Modernisme zieht es weiter zu Highlights wie **Parc Güell**, **Sagrada Família** und Hospital de Santa Creu i Sant Pau.

Der Hausberg **Montjuïc** ragt direkt am Meer auf, eine Parklandschaft hoch über dem Getöse der Stadt, bekrönt vom Castell de Montjuïc aus dem 18. Jh. Zur Weltausstellung 1929 wurden Gärten, Museen und Sportstätten angelegt und 1992 anlässlich der Olympiade ausgebaut. Über dem **Stadion** pendelt heute ein skurriler weißer Sendemast, ein Werk von Santiago Calatrava. Am Hang thront der kolossale Palau Nacional mit dem **Museu d'Art de Catalunya**. Es zeigt mittelalterliche Wandmalereien und Gemälde von Velázquez, Goya, Tizian, Tiepolo und Rubens.

Geschichte, Kunst, Kultur im Überblick

Von Maurenmacht und Reconquista, Bürgerstolz und Selbstbestimmung

Steinzeit Ein Grabfund im Carrer Muntaner ist Zeugnis für eine Besiedlung des Gebietes von Barcelona in der Steinzeit.

11.–5. Jh. v. Chr. Siedlungen der Iberer, die sich ab dem 7. Jh. mit von Norden eindringenden Kelten vermischen. Um 500 v. Chr. treffen diese Keltiberer mit phönizischen und griechischen Siedlern auf der Iberischen Halbinsel zusammen.

218 v. Chr. Der Legende nach gründet der karthagische Heerführer Hamilcar Barca das antike Barcino, das spätere Barcelona.

133 v. Chr. Cornelius Scipio gründet die römische Kolonie ›Faventia Julia Augusta Pia Barcino‹, die zu der Provinz Hispania Citerior gehört, Hauptstadt ist Tarraco (heute: Tarragona).

2. Jh. n. Chr. Barcino hat mittlerweile mehr als 10 000 Einwohner und wird rasch christianisiert.

4. Jh. Die erste Stadtmauer, die in Teilen heute noch erhalten ist, wird angelegt.

415 Barcelona wird unter König Athaulf Hauptstadt des westgotischen Reiches. Mit der Verlagerung des westgotischen Hofes 534 nach Toledo verliert Barcelona jedoch seine hervorragende Bedeutung.

717/718 Besetzung durch die Mauren.

801 Eroberung durch die Franken unter Führung Ludwigs des Frommen. Barcelona wird Hauptstadt der Spanischen Mark, die von Pamplona über Barcelona bis zum oberen Ebro (Tortosa) reicht und die Grenze zwischen christlichem Europa und maurischem Spanien bildet.

879–97 Der fränkische Graf Wilfredo el Velloso (der Behaarte) begründet die selbstständige Dynastie der Grafen von Barcelona.

985 Maurische Truppen fallen unter Al-Mansur in die Stadt ein und hinterlassen zahlreiche Zerstörungen.

11. Jh. Ramón I. Berenguer (1005–35) und Ramón Berenguer I. el Viejo (der Alte) (1023–76) erringen die Oberherrschaft Barcelonas über die restlichen Grafschaften der Spanischen Mark, die in ihrer geografischen Ausdehnung etwa dem zukünftigen Katalonien entspricht.

1046–58 Unter Graf Ramón Berenguer el Viejo und seiner Gattin Almodis wird die romanische Kathedrale Barcelonas errichtet. Sie ist Zeichen der neuen Hauptstadtwürde. Barcelona hat zu dieser Zeit etwa 20 000 Einwohner und wächst über seine wieder hergestellten Mauern hinaus.

1137 Die Eheschließung zwischen Ramón Berenguer IV. (1113–62) und Petronella von Aragon (1136–73), der Thronerbin des Nachbarstaates, begründet die Dynastie der Grafen von Barcelona und Könige von Aragon. Barcelona expandiert zu einer bedeutenden Mittelmeermacht, Genua und Venedig ebenbürtig. Die Katalanen betreiben im gesamten Mittelmeerraum schwungvollen Handel, ihr Einfluss erstreckt sich von Valencia über Sizilien, Sardinien und Korsika bis nach Griechenland.

1213–76 Unter Jaume I. el Conquistador (der Eroberer) werden die Balearen (1229, 1235) und Valencia (1238) unter dem Banner der Reconquista von den Mauren zurückerobert. Barcelona vergrößert sich sprunghaft, eine zweite Stadtmauer wird gebaut, die die Viertel um Sant Pere Mes Alt und Santa Maria del Mar einschließt, der Hafen wird angelegt. Barcelona erhält das Stadtrecht. Es beginnt eine Blütezeit, die bis zum Ende des 14. Jh. andauert und eine reiche Patrizierschicht hervorbringt.

1258 In Barcelona wird der erste Seehandelskodex formuliert. Dieser wird später im ganzen Mittelmeerraum übernommen.

1276–85 Pere II. el Grande (der Große) rundet die mittelmeerischen Eroberungen der barcelonesischen Dynastie mit Sizilien (1282) ab, das bis zum 15. Jh. zu Barcelona gehört. Er veranlasst den Bau der heute noch erhaltenen Werft.

1291–1327 Höhepunkt der mittelalterlichen Kultur in Barcelona unter der Herrschaft von Jaume II. el Justo (der Gerechte). In dieser Zeit wird mit dem Bau der meisten großen gotischen Kirchen der Stadt begonnen.

1329 Alfons III. (reg. 1327–36) legt nach der Eroberung Sardiniens den Grundstein zu der Kirche Santa Maria del Mar.

1336–87 Pere IV. el Ceremonioso (der Zeremoniöse) führt die Eroberungspolitik zu Ende und erkämpft die Oberherrschaft über Griechenland. Er lässt den größten Teil des Palau Reial Major errichten (Salò Tinell), stellt die Reials Drassanes (Königliche Werft) fertig und umgibt die Stadt mit einer dritten Mauer, die das Viertel El Raval jenseits der Rambles mit einschließt.

1365 Barcelona hat fast 34 500 Einwohner. Gegen Ende des 14. Jh. führen die fortgesetzten Kriege mit Kasti-

Für die spanische Krone: Christoph Kolumbus ergreift 1492 Besitz von der Insel Haiti

lien zum wirtschaftlichen Niedergang der Stadt. Es ist die Zeit der Judenpogrome, mit denen auch die Abwanderung vieler Händler beginnt. Kastilien erwirbt die wirtschaftliche Vormacht durch seinen Getreidereichtum und den Wollexport in die Niederlande.

1401 Martí I. el Humano (der Mitmenschliche, reg. 1396–1410), letzter König aus der direkten Linie der Dynastie von Barcelona, legt den Grundstein zu dem Hospital de Santa Creu i Sant Pau (heute Staatsbibliothek).

1442 Alfons IV. el Magnánimo (der Großherzige; 1416–58) erobert Neapel und lässt den Palau de la Generalitat (Katalanische Landesregierung) bauen.

Politisch kraftvolle Verbindung: Isabella von Kastilien und Ferdinand von Aragon

1450 Gründung der ersten Universität in Barcelona an den Rambles.

1469 Die Heirat zwischen Ferdinand von Aragon und Isabella von Kastilien, den Katholischen Königen, legt den Grundstein für die Einigung Spaniens und seinen Aufstieg zu einem Weltreich, ›in dem die Sonne niemals untergeht‹. Gleichzeitig markiert die Hochzeit den Anfang vom Ende der katalonischen Eigenstaatlichkeit.

1493 Das Königspaar empfängt Christoph Kolumbus bei seiner Rückkehr von der ersten Amerikareise.

16. Jh. Unter den Habsburgern wird Katalonien zu einer wirtschaftlichen Randzone Europas. 1518 werden ›Las Indias‹ zum Besitz der kastilischen Krone erklärt, wodurch Barcelona vom Handel mit der Neuen Welt ausgeschlossen wird. Brückenköpfe Spaniens für den Handel sind nun Sevilla und Cádiz.

1519 Karl V. (1500–58) betritt nach Jugendjahren in den Niederlanden Barcelona als erste Stadt seines spanischen Reiches.

1556–1621 Auch unter Karls Sohn Philipp II. und Enkel Philipp III. sind die Beziehungen zwischen Katalonien und Kastilien gut. Katalonien behält die Autonomie und seine eigenen Institutionen.

1640–53 Bei der ›Guerra de les Segadors‹ (Krieg der Schnitter), einem Aufstand gegen die kastilische Zentralregierung, wird der spanische Vizekönig ermordet. Als Antwort lässt Graf Olivares im Auftrag von Philipp IV. kastilische Truppen in Katalonien einmarschieren, die rasch gegen Barcelona vorrücken. Die Stadt bittet Frankreich um Hilfe. Ludwig XIII. wird zum Grafen von Barcelona ernannt. Die katalanisch-französischen Truppen siegen am 26. Januar 1641 in der Schlacht am Montjuïc. Erst 1651 erobert eine kastilische Armee Barcelona und beendet den Aufstand. Gegen eine Generalamnestie wird Katalonien 1653 der kastilischen Oberhoheit unterworfen.

1701–14 Im Spanischen Erbfolgekrieg stellt sich Barcelona auf die Seite des späteren Verlierers, Erzherzog Karl von Österreich, gegen Philipp V. von Bourbon. Nach 13-monatiger Belagerung erobert dieser die Stadt am 11. September 1714 (heute höchster nationaler Feiertag, La Diada). Als Strafe und zur Überwachung lässt er von Festungsbaumeister Prósper de Verboom die Zitadelle errichten, für die ein Stadtteil abgerissen wird.

1716 Katalonien sinkt zur spanischen Provinz ab, mit Ausnahme von Menorca (seit 1708 unter englischer Herrschaft).

1778 Karl III. (reg. 1759–88) beendet das Seehandelsmonopol Sevillas und befreit so Barcelona von der über 200 Jahre andauernden wirtschaftlichen Res-

Spanischer Bürgerkrieg 1936: Barcelona ist lange eine Hochburg der Anarchisten

triktion. Der neue amerikanische Markt lässt in Barcelona die Baumwoll- und Textilindustrie aufblühen.

1808–14 Der wirtschaftliche Aufschwung Kataloniens wird durch die Invasion Napoleons unterbrochen.

1812 Mit der Ausrufung der ersten spanischen Verfassung im andalusischen Cádiz verliert Katalonien seine letzten Freiheiten.

1835 Säkularisierung.

1843–68 Unter der Regierung Isabellas II. wächst die Prosperität des Bürgertums. Im Laufe des 19. Jh. entwickelt sich ein starkes katalanisches Nationalbewusstsein in allen Bevölkerungsschichten (Renaixença). Ausdrucksmittel sind Kunst, Literatur und Architektur.

1848 Die erste spanische Eisenbahn fährt zwischen Barcelona und Mataró.

1854 Die seit Langem zu eng gewordenen Stadtmauern dürfen mit Zustimmung der spanischen Regierung abgerissen werden. An ihrer Stelle entstehen Rondas (Avenuen), die den Umfang des alten Barcelona gut am Stadtplan ablesen lassen.

1859 Die Stadt genehmigt die Ausführung eines Stadtentwicklungsplanes, an dem der Bauingenieur Ildefons Cerdà seit 1855 gearbeitet hatte. Auf Grundlage dieses Entwurfs wächst rasch eine Neustadt zwischen der Altstadt und dem Dorf Gràcia, die Eixample. Sie wird zur Spielwiese junger experimentierfreudiger Architekten, die den Stadtteil zum größten Jugendstilviertel Europas machen. Die drei bedeutendsten Architekten des Modernisme sind Antoni Gaudí (Sagrada Família, Casa Batlló, Casa Milà), Lluís Domènech i Montaner (Palau de la Música Catalana, Casa Lleó Morera) und Josep Puig i Cadafalch (Casa de les Punxes, Casa Amatller, Palau Baró Quadras). Anfang des 20. Jh. entstehen interessante Ansätze zu Planungen von Gartenstädten nach englischem Vorbild (Gaudí: Parc Güell; Domènech i Montaner: Hospital de Santa Creu i Sant Pau).

1887 Barcelona hat 500 000 Einwohner.

1888 Schon bei der ersten Weltausstellung präsentiert sich Barcelona als Metropole. Die Schau mit interessanten modernistischen Ausstellungspavillons findet im großzügigen Parc de la Ciutadella statt, auf dem Areal der 1868 abgetragenen Zitadelle.

1893 Katalanische Anarchisten werfen eine Bombe ins Teatre del Liceu.

Anfang des 20. Jh. Organisation der Arbeiterbewegung in verschiedenen Gruppierungen: Sozialisten (UGT) und Anarchisten (CNT).

1909 Arbeiteraufstand.

1925 Die vermögendsten Geschäftsleute von Barcelona übereignen Alfonso XIII. (1902–31) den neu erbauten Palau Reial de Pedralbes als Geschenk.

1929 Für die zweite große Weltausstellung auf dem Montjuïc werden verschie-

Der spanische Staatschef General Franco mit seinem designierten Nachfolger Prinz Juan Carlos bei einer Militärparade 1970

El Prat, der Flughafen von Barcelona, erhält 2009 ein neues Terminal

dene Parks angelegt, Spanien errichtet ein pompöses Ausstellungsgebäude, das heute das weltberühmte Museu Nacional d'Art de Catalunya beherbergt. Den deutschen Pavillon entwirft Ludwig Mies van der Rohe.

1931 Die Linke setzt einen katalanischen Autonomiestatus und eine Regionalregierung (Generalitat) durch.

1936 Kirchensturm – zahlreiche Gotteshäuser werden in Brand gesetzt und schwer beschädigt.

1936–39 Spanischer Bürgerkrieg. Barcelona ist Hochburg der Anarchisten, Sozialisten und Kommunisten. Eine Volkserhebung verhindert die rasche Eroberung der Stadt durch die Faschisten.

1938 General Francisco Franco marschiert in Katalonien ein und erklärt die autonome Regierung für abgesetzt.

26. Januar 1939 Franco erobert Barcelona. Katalanische Kultur und (Schrift-) Sprache werden verboten. Nur die Mönche des Klosters Montserrat dürfen die Schriftsprache weiter benutzen, sie tradieren sie 40 Jahre lang.

Ende der 1950er-Jahre Es bildet sich die gewaltlose katalanische Autonomiebewegung (Protestlieder ›Nova Cançó‹).

1975 Tod Francos. Juan Carlos, der Enkel des 1931 abgedankten Königs Alfonso XIII., wird zum König ausgerufen.

29. September 1977 Die Generalitat wird wieder als Landesregierung eingesetzt, Barcelona ist erneut Regierungssitz der Autonomen Provinz Katalonien.

1979 Katalonien erhält wie das Baskenland ein Autonomiestatut: Recht auf eigenes Parlament, eigene Polizei, Justiz, TV- und Radiokanäle, Sprache, Erziehungswesen in eigener Verantwortung, beschränkte Finanzhoheit.

1980er-Jahre Das Projekt ›Neue Plätze und Parks‹ wird ins Leben gerufen.

1992 Austragung der XXV. Olympischen Sommerspiele an verschiedenen Schauplätzen in und um Barcelona. Zentrum der Spiele ist erneut der Montjuïc.

2002 Anlässlich des 150. Geburtstages von Antoni Gaudí ruft Barcelona das ›Internationale Gaudí-Jahr‹ aus.

2004 Eröffnung des Fòrum Universal de les Cultures. – Im Mai Hochzeit des spanischen Thronfolgers Prinz Felipe mit der Journalistin Letizia Ortiz Rocasolano.

2008 Der neue Hochgeschwindigkeitszug AVE verbindet Barcelona mit Madrid in 2,5 Stunden.

2011 Barcelona ist Mobile World Capital, alljährlich im Februar ist es Veranstalter des Weltkongresses mobiler Technologien.

2012 In Katalonien wird der Stierkampf verboten.

2013 Als erste Stadt der Welt wird Barcelona für seine Verdienste um nachhaltigen Tourismus zur Biosphere World Class Destination ernannt.

Der FC Barça gewinnt 2006, 2009 und 2011 die Champions League

Juwelen modernistischer Architektur am Passeig de Gràcia – Casa Amatller und Casa Batlló

Unterwegs

Barri Gòtic – Flair des Mittelalters im historischen Stadtzentrum

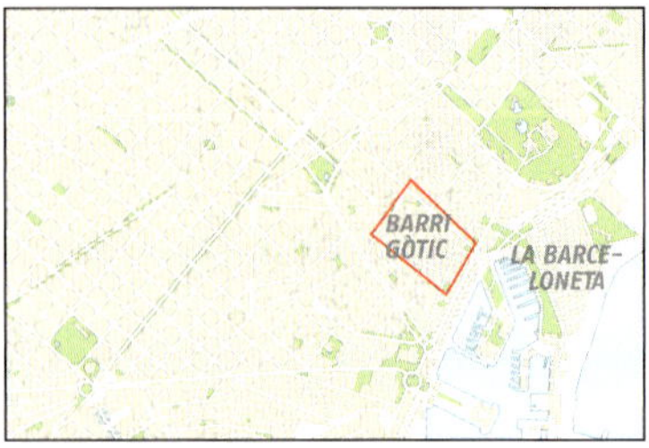

Der Eroberungsdrang der Grafen von Barcelona und Könige von Aragon machte das mittelalterliche Herrscherhaus zu einer bedeutenden Macht am Mittelmeer. Auf dem Höhepunkt der Expansionspolitik im 14. Jh. reichten Barcelonas Besitzungen von Valencia über die Balearen bis nach Sizilien und Griechenland. Die reiche Seehandelsstadt verstand es, sich künstlerisch angemessen zu präsentieren und baute, damals ganz modern, im gotischen Stil. Im Barri Gòtic, dem **gotischen Viertel** und historischen Stadtkern, eng um die Kathedrale gedrängt, stehen heute noch zahlreiche schöne architektonische Zeugnisse der mittelalterlichen Königs- und Handelsstadt. In den Fenster- und Türrahmen, den Wasserspeiern hoch oben unter den Dachtraufen, den Kapitellen, Friesen und Gesimen eröffnet sich eine märchenhafte Welt aus Drachen und Meerweibchen, wilden Männern und Mischwesen. Bei einem Spaziergang durch die engen Gassen taucht man ein in das besondere Flair dieses verwinkelten, lebendigen Viertels, einem der geschlossensten und unversehrtesten gotischen Bauensembles Europas.

1 Pla de la Seu

Sonntags ein feierlicher Tanzplatz, zu Weihnachten ist hier Krippenmarkt.

Metro L4: Jaume I

Der kleine Platz direkt vor der Westfassade der Kathedrale entstand 1421–22, als einige Kanonikerhäuser zusammen mit einem Teil der antiken Schutzwälle abgerissen wurden. Den erhaltenen Abschnitt der **römischen Stadtmauer**, in regelmäßigen Abschnitten von hohen, rechteckigen Türmen überragt, kann man von hier gut verfolgen. Wo heute die Avinguda de la Catedral entlangführt, stand bis zur Stadtsanierung 1943 eine Reihe schöner mittelalterlicher Häuser. Zu ihnen gehörte auch das *Zunfthaus der Schuhmachergilde* mit einer eleganten Renaissance-Dekoration, das heute an der kleinen Plaça Sant Felip Neri [Nr. 17] steht.

Auf der Pla de la Seu findet alljährlich ab dem 8. Dezember die Fira de Santa Llucía (www.firadesantallucia.cat) statt, mittlerweile hat sich daraus ein *Weihnachtsmarkt* entwickelt. Das ganze Jahr hindurch wird sonntags um 12 Uhr auf dem Platz die *Sardana* [s. S. 20] zu den eigentümlich schrillen und monotonen Klängen der Cobla getanzt. Die Cobla ist eine elfköpfige Musikkapelle, die von Einhandflöte (Flabiol), Einhandtrommel (Tamborí) und einer Art Dudelsack (Gralla) geführt wird. Jung und Alt gesellt sich hier zum Reigentanz, ernst und konzentriert. Emotionen werden erst im Schlussruf laut – »Viva«!

2 La Catedral

Die reiche Ausstattung der großartigen Kirche versammelt Glanzstücke gotischer Tafelmalerei, Schnitz- und Bildhauerkunst.

Pla de la Seu 3
Tel. 933 42 82 60
www.catedralbcn.org
Mo–Sa 8–12.45 und 17.15–19.30,
So 8–13.45 und 17.15–20 Uhr
Museu de la Catedral: tgl. 10–12
und 17.15–18.30 Uhr
Metro L4: Jaume I

Am 5. Mai 1298, dem Festtag der Kreuzauffindung Christi, wurde der *Grundstein* zu der gotischen Kathedrale gelegt. Das damalige Bauwerk nahm seinen Anfang am Portal de Sant Iu und bezog Reste verschiedener Vorgängergebäude ein: eine Basilika aus dem 6. Jh., 985 halb zerstört

Himmelstrebendes Dreigetürm an der Pla de la Seu: die Catedral mit imposanter Westfassade

durch den Maureneinfall unter Al-Mansur, und die romanische Basilika, errichtet unter Ramón Berenguer I. el Viejo (1035–76), geweiht 1058. Über die Architekten der Kathedrale und über einen ursprünglichen Gesamtplan ist wenig bekannt: Ab 1317 leitete *Jacobus Faber* (Jaume Fabre) die Arbeiten an der Baustelle, er begann mit der Apsis. 1337 wurde der Hauptaltar geweiht. 60 Jahre später plante *Arnau Bargués* den Kapitelsaal. 1413 wurde unter *Bartolomeu Gual* das Fundament für das Cimborio gelegt, das Kuppelgewölbe über dem ersten Mittelschiffjoch. Im Jahr 1448 schloss *Andreu (Andrés) Escuder* die letzte Wölbung des Kreuzganges. Damit war der Sakralkomplex endlich in seinen wichtigsten Teilen fertiggestellt.

Der *Glocken*- und der *Uhrturm* über dem Querschiff wurden um 1500 von der Hauptbauhütte der Kathedrale errichtet. 1887–98 fügten die Architekten *Josep Oriol Mestres* und *August Font* die *Fassade* an, nach einer gotischen Planzeichnung des picardischen Meisters Carlí von 1408, die heute im Kathedralarchiv aufbewahrt wird. 1906–13 wurde schließlich der wuchtige *Turm* über der Mitte der Fassade, über dem Cimborio, aufgerichtet.

Der majestätische **Innenraum** mit drei nahezu gleich hohen Schiffen gehört zu den schönsten gotischen Hallen Spaniens. Vier Paare mächtiger Bündelpfeiler tragen die vierteiligen Gewölbe. Den freien Blick in die Apsis versperrt der unvermeidliche spanische ›Coro‹, das *Chor-*

gestühl, in dem die Domherren ihr Chorgebet verrichteten. Das Mittelschiff ist 28 m hoch, 91 m lang und doppel so breit wie die Seitenschiffe. Die siebenteilige Apsis besitzt einen Umgangschor mit Kapellenkranz. Die Seitenkapellen des Langschiffes, je zwei pro Joch, sind – wie üblich in der katalanischen Gotik – zwischen die nach innen gezogenen Strebepfeiler eingefügt. Zu den wichtigsten Ausstattungsstücken der Kirche zählen die **Chorschranken** [1] (Trascoro). Sie zeigen herrliche gerahmte *Renaissance-Marmorreliefs*, die das Martyrium der hl. Eulalia [s. S. 23] schildern. Die flankierenden Statuen stellen die Heiligen Olegario, Eulalia, Raimundo de Penyafort und Coloma dar. Einer der besten Renaissancebildhauer Spaniens, *Bartolomé Ordóñez* aus Burgos, begann im Jahr 1517 mit den Ar-

Sardana – der katalanische Nationaltanz

»La sardana es la dança més bella de totes les dançes que es fan e es desfan« – »Die Sardana ist der schönste Tanz von allen, die sich zum Kreis formieren und wieder auflösen.« So beginnt der berühmte Vers des katalanischen Poeten Joan Maragall i Gorina, den alle Katalanen zu zitieren wissen. Die Sardana wird in vielen Orten Kataloniens unter freiem Himmel getanzt. Auch in Barcelona hat sich dieses Brauchtum erhalten. Auf den Plätzen vor der Kathedrale, vor dem Palast der Landesregierung und in einigen Parkanlagen treffen sich am Wochenende die Sardanisten. Sobald der erste Ton der **Cobla** (Kapelle) ertönt, fassen sie sich bei den Händen, um große und kleine Reigen zu bilden.

Die Sardana ist kein Paar-, sondern ein Gruppentanz. Alter und Herkunft der Tanzenden spielen bei der Zusammensetzung des Reigens keine Rolle. Auch Fremde sind jederzeit willkommen, in den Kreis einzutreten und mitzutanzen. Dies ist jedoch schwieriger, als es auf den ersten Blick aussieht. Obwohl sich die **Schrittfolge** wiederholt, müssen die Tanzenden konzentriert den **Takt** mitzählen. Die dabei so feierlich-ernsten Mienen sind typisch für diesen Volkstanz. Der Jugendstilkünstler Santiago Rusiñol äußerte dazu den Satz: »Die Sardana besitzt den Rhythmus Kataloniens, das Herz tanzt, und der Kopf rechnet.«

Über den **Ursprung** des Reigentanzes ist wenig bekannt. Möglicherweise entstand er als Sonnentanz. Sicher ist aber, dass er im Barock am Hof beliebt war. Als Volkstanz hat sich die Sardana erst im frühen 20. Jh. etabliert, doch bis heute ist sie populär, auch als Ausdruck des katalanischen Stolzes und Strebens nach Unabhängigkeit.

Sonntags um 12 Uhr wird getanzt – Sardana auf der Pla de la Seu vor der Kathedrale

Vom kunstvoll geschnitzten Chorgestühl schweift der Blick zum Hauptaltar der Kathedrale

beiten an der Reliefwand. Allerdings konnte er vor seinem Tod nur die beiden Szenen ›Die Heilige verteidigt sich vor dem römischen Prätor‹ (links) und ›Folter der Heiligen in den Flammen‹ (rechts) einschließlich der beiden erstgenannten Heiligenfiguren vollenden. Den Rest schuf *Pere Villar* aus Zaragoza. Er überarbeitete auch die von Bartolomé Ordóñez gestaltete Innenseite des **Hauptportals** [2], die eine schöne Marmordekoration im spätgotischen spanischen Ornamentstil schmückt.

Das spätgotische obere **Chorgestühl** [3] mit Baldachinen aus spitzenartig durchbrochenem Maßwerk und filigranen Türmchen wurde 1399 fertiggestellt. Es stammt von *Pere Ça Anglada*, einem Schnitzer aus Flandern, der auch die Kanzel schuf. Ungewöhnlich und einzigartig in ihrer künstlerischen Qualität sind die geschnitzten *Miserikordien* an der Unterseite der 61 Klappsitze, kleine Stützen zum Anlehnen, die den Chorherren das lange Stehen erleichterten. Alle Miserikordien sind figurativ gestaltet, mit Tieren, Mischwesen und Menschen, jede ein kleines Kunstwerk für sich. Zum Teil werden die dargestellten Szenen im Sinne von Tugend und Laster gedeutet – den Chorherren sollten ihre Fehler und Schwächen mehr oder weniger allegorisch vor Augen geführt werden. Mitunter geht es aber auch recht profan und lustig zu. Zwei Soldaten sind z. B. vollkommen in ein Kugelspiel vertieft und strecken ihre nadelspitzen Schnabelschuhe grotesk von sich. Auf die Rückwand der Sitze sind Namen und Wappen der Ritter vom Goldenen Vlies aufgemalt. 1519 berief Karl V. hier die einzige Sitzung dieses Ordens in Spanien ein. Die reich gestalteten *Ge-*

stühlwangen mit Szenen aus dem Leben Jesu kamen ebenfalls im frühen 16. Jh. hinzu und entstanden vermutlich zusammen mit den Chorschranken in der Werkstatt von Bartolomé Ordóñez.

1329 wurde nach Plänen von *Jacobus Faber* unter dem Hauptaltar eine **Krypta** [**4**] gebaut. Den Anlass gab die Überführung der Gebeine der hl. Eulalia aus der Kirche Santa Maria del Mar [Nr. 25] in die Kathedrale. Die Krypta ist über einen breiten Treppenabgang zu erreichen, der sich zwischen den Stufen zum Hochaltar öffnet. Schön ist ihr zwölfteiliges, extrem flaches Gewölbe. Der prächtige *Alabastersarkophag* mit Szenen aus dem Leben der Heiligen stammt von einem italienischen Meister des 14. Jh. – wohl aus dem Umkreis der Pisano-Werkstatt. Zurück im Kirchenraum lohnt ein Blick auf den Hauptaltar im **Presbyterium** [**5**]. Seine Platte liegt seit 1971 auf zwei Kapitellen westgotischer Säulen. Einst stand hier ein gotisches *Altarretabel* mit der Darstellung der ›Freigebigkeit von König Pere IV. el Ceremonioso‹ (1357–77), heute ziert es die Pfarrkirche Sant Jaume in der Carrer Ferran. Der alabasterne *Bischofsthron* (um 1350) hinter dem Altar wird dem Meister des Eulalia-Sarkophags in der Krypta zugeschrieben.

Zwischen der Sakristeitür und dem Portal zum Kreuzgang sind an der Wand zwei mit rotem Samt bespannte hölzerne Sarkophage angebracht – die **Grabtumben** [**6**] der Gründer des romanischen Baus, Graf Ramón Berenguer I. und seiner Gemahlin Almodis. Die rahmende Scheinar-

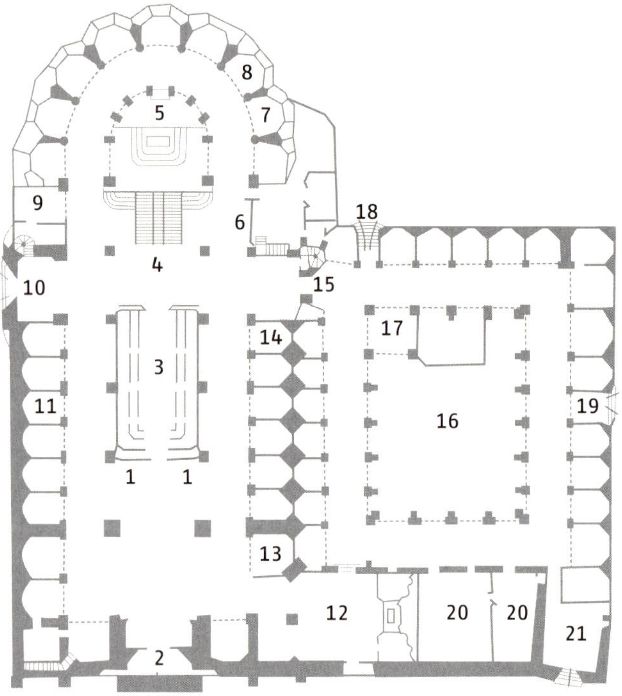

2 La Catedral

1 Chorschranken
2 Hauptportal
3 Chorgestühl
4 Krypta
5 Presbyterium
6 Grabtumben
7 Heimsuchung
8 Transfiguración
9 Liegefigur
10 Portal de Sant Iu
11 Flügelaltar
12 Alter Kapitelsaal
13 Flügelaltar
14 Schnitzaltar
15 Portal zum Kreuzgang
16 Kreuzgang
17 Brunnen
18 Portal de la Pietat
19 Portal de Santa Eulalia
20 Museu Catedralici
21 Capella de Santa Llucia

Ungemein prachtvoll ist der Alabastersarkophag (14. Jh.) der hl. Eulalia in der Krypta

chitektur (1545) im Stil der Renaissance stammt von *Ferrándis*.

Sehenswert in den Kapellen des Chorumgangs ist das Triptychon der **Heimsuchung** [7] (um 1470). Der Meister des Altarbildes blieb unbekannt, Auftraggeber war der Chorherr Nadal Garcés, der im Bild als Stifterfigur auftaucht. Einer der schönsten gotischen Flügelaltäre der Kathedrale ist die **Transfiguración** [8] (1450) von *Bernat Martorell*. Ungemein lebendig und anschaulich sind die Szenen der wunderbaren Brotvermehrung (links), der Hochzeit zu Kanaan (rechts) und die Predellaszenen. Die **Liegefigur** [9] (1409) des Bischofs Ramón d'Escales mit äußerst realistischen Gesichtszügen eines Schlafenden ist eine hervorragende Alabasterplastik von *Antoni Canet*.

Das **Portal de Sant Iu** [10] stammt aus dem ersten Bauabschnitt der gotischen Kathedrale, begonnen 1298, wie die Inschriften an den Türpfosten besagen. Zwischen diesen beiden Inschriften eingefügt sind zwei *Reliefs* (12. Jh.), die wohl noch zum romanischen Bau gehört haben. Die Kampfszenen zwischen Mensch und Löwe (rechts) sowie zwischen Menschen und Greif (links) sind typisch mittelalterliche Themen, die sich auch an den Kreuzgangskapitellen von Sant Pau del Camp [Nr. 47] finden.

Höfisch erscheinen die Figuren der beiden elegant gekleideten Heiligen Sebastián und Tecla auf dem **Flügelaltar** [11], den Rafael Vergós und Pere Alemany um 1490 schufen. Rechts zu ihren Füßen kniet der Stifter der Tafeln, der Chorherr Joan Andreu Sors.

Hoch verehrtes Kultbild der Kirche ist der *Cristo de Lepanto* im **Alten Kapitelsaal** [12], ein schwarzes Kruzifix, das Don Juan d'Austria in der Seeschlacht bei Lepanto 1571 zum Sieg verholfen haben

Das Martyrium der hl. Eulalia

Eulalia ist eine in Spanien hoch verehrte Heilige, **Stadtpatronin** von Barcelona und zweite Titelheilige der Kathedrale. Sie starb um das Jahr 304 unter Diokletian den Märtyrertod.

Das zwölfjährige Mädchen lebte der Legende nach im Stadtteil Sarrià. Sie war Christin geworden und bei dem Versuch, dem römischen Statthalter Datian wegen der einsetzenden Christenverfolgung Vorwürfe zu machen, gefangen und grausam gefoltert worden: gekreuzigt, in siedendes Öl geworfen, verbrannt und schließlich geköpft. Aus ihrem Leib soll nach ihrem Tod eine weiße Taube aufgestiegen sein. Bereits 405 wurde sie vom spätantiken Dichter Prudentius als Märtyrerin gerühmt.

An ihrem **Festtag**, dem 12. Februar, wird die hl. Eulalia mit farbenprächtigen Umzügen rund um die Kathedrale gefeiert.

Der gotische Kreuzgang der Kathedrale umschließt einen malerischen Garten

soll [s. S. 47]. Der 1455 vollendete **Flügelaltar** [13] mit den beiden heiligen Ärzten Cosmas und Damian stammt von *Bernat Martorell* und *Miquel Nadal*. Der barocke **Schnitzaltar** [14] (1688) wird *Miquel Sala* zugeschrieben. Im Zentrum steht die Figur des hl. Pacian, Bischof von Barcelona im 4. Jh. Rechts sieht man Szenen aus dessen Leben, links Begebenheiten aus dem Leben des hl. Franz Xaver.

Eine Betrachtung lohnt auch das **Portal zum Kreuzgang** [15]. An die Kreuzgangseite sind Teile eines romanischen Portals versetzt, die wohl ebenfalls vom Vorgängerbau des 11. Jh. stammen. Schön sind die *Archivolten*, verziert mit geometrischen Friesen, und die figurengeschmückten *Kapitelle* auf der linken Seite des Gewändes. Der gotische **Kreuzgang** [16] umschließt einen *Garten*, in dem unter Palmen, Magnolien und Zypressen Gänse schnattern. Eine Attraktion für sich! Im nordwestlichen Kreuzgangwinkel steht ein kleiner, offener Tempel mit gotischem **Brunnen** [17]. Während der Fronleichnamswoche wird dieser mit Blumen und blühenden Zweigen geschmückt, und auf dem Wasserstrahl lässt man ein ausgeblasenes Ei tanzen. Das besonders bei Kindern beliebte Spektakel heißt ›L'ou com balla‹ – das tanzende Ei. Die beiden *Claperós* (Vater und Sohn), zwei Steinmetze der Dombauhütte, schufen 1448/49 das spätgotische *Gewölbe* mit seinen vielfach verschlungenen Rippen. Der Schlussstein zeigt Sankt Georgs Drachenkampf, acht graziöse Engelsköpfe verfolgen das Geschehen.

Dem **Portal de la Pietat** [18] gab das *Holzrelief* im Tympanon mit einer Darstellung der Pietà den Namen. Zwei Engel weisen die Leidenswerkzeuge vor. Rechts im Hintergrund sind Landschaft und eine nordische Burg zu erkennen. Rechts unten, zu Füßen Christi, kniet die Figur des Stifters Ramòn Berenguer, die der deutsche Bildschnitzer *Michael Lochner* (gest. 1490) geschaffen haben soll.

Das **Portal de Santa Eulalia** [19] an der Ostseite des Kreuzgangs zeigt stilistisch enge Verwandtschaft mit dem Portal de la Pietat, wenngleich es schlichter ausgeführt ist. Im *Tympanon* steht die namengebende Heilige als Terrakottafigur. Das Original (Mitte 15. Jh.) wird Vater und Sohn Claperós zugeschrieben und heute im **Museu Catedralici** [20] aufbewahrt. Es ist im Kapitelsaal Nova Sala Capitular und angrenzenden Räumen untergebracht und präsentiert Gemälde und Skulpturen aus dem *Kirchenschatz*. Bekannt ist die stark an niederländischen Vorbildern orientierte, herbe und schöne Pietà (1490) von Bermejo im zweiten Raum.

Der Eingang der romanischen **Capella de Santa Llucia** [21], die Bestandteil des bischöflichen Palastes war, befindet sich gegenüber der Casa de l'Ardiaca [Nr. 3]. Erbaut 1257–68, gehört sie zu den wenigen Resten romanischer Architektur in Barcelona. Die glatte *Fassade* zeigt die typisch katalanische Schlichtheit und Flächenbetonung, die auch in der Gotik wiederkehrt, nur durchbrochen von dem Rundbogenportal und einer Fensteröffnung darüber, die später vergrößert wurde. Die *Kapitelle* der sehr schlanken, frei stehenden Gewändesäulen zeigen links ›Verkündigung‹ und ›Heimsuchung Mariens‹. Die nur schlecht erhaltene Ausmalung des *Tympanons* mit einem Bild der hl. Lucia stammt von Joan Llimona und entstand 1901. Rechts vom Altar befindet sich hinter einer Glasscheibe die *Grabtumba* des Erbauers Arnau de Gurb. Die Liegefigur des Bischofs in pontifikalem Gewand ist eine Arbeit des 13. Jh.

Audio-Feature Kathedrale
QR-Code scannen [s. S. 5]
oder dem Link folgen:
www.adac.de/rfo821

3 Casa de l'Ardiaca

Das Palais des Erzdiakons verbindet Stilelementen der Gotik, Renaissance und des Jugendstils.

Carrer Santa Llúcia 1
Tel. 933 18 11 95
Sept.–Juni Mo–Fr 9–20.45,
Juli/Aug. Mo–Fr 9–19.30 Uhr
Metro L4: Jaume I

Der Erzdiakon Desplá, der bei *Bermejo* die im Museu Catedralici aufbewahrte Pietà in Auftrag gab, ließ dieses Haus um 1500 als Residenz auf Resten der römischen Stadtmauer errichten. Das Gebäude zeigt den Übergangsstil der Spätgotik mit plateresken Elementen. Vom ursprünglichen Zustand ist wenig erhalten, da das Palais wiederholt umgebaut wurde. Durch das Renaissance-Portal blickt man in den von weiten Arkaden umgebenen **Innenhof**, in dessen Zentrum ein gotischer Brunnen steht. Der kuriose marmorne **Briefkastenschlitz** – rechts vom Eingang – über dem drei Schwalben fliegen und zu dem eine Schildkröte hinaufklettert, stammt vom Modernisme-Architekten *Domènech i Montaner*, der ihn für die Anwaltskammer anfertigte. Diese hatte hier Ende des 19. Jh. ihren Sitz. Geistvoll werden die schildkrötengleich langsam mahlenden Mühlen der Justiz ironisiert, die doch eigentlich schnell – wie der Flug der Schwalben – arbeiten sollten.

Seit 1919 ist das Gebäude im Besitz der Stadt. Es beherbergt das *Historische Institut* und *Historische Archiv* sowie ein *Zeitungsarchiv*. Gesammelt werden Dokumente aller Art über den Mittelmeerraum, sämtliche Publikationen über Barcelona seit dem Jahr 1792 sowie Stadtansichten in Form von Handzeichnungen, Holzschnitten und Fotografien.

4 Palau Episcopal

Erzbischöfliches Palais mit Resten des romanischen Ursprungsbaus im Innenhof.

Carrer del Bisbe 5
Tel. 932 70 10 12
(Besichtigung nach Voranmeldung)
Metro L4: Jaume I

Zunächst hatten die Bischöfe im Carrer dels Comtes an der Plaça de Sant Iu, an der Nordseite der Kathedrale, residiert. Um 1300 erwarb Jaume II. dieses Areal zur Erweiterung des Königspalastes. Daraufhin wurde am heutigen Carrer del Bisbe ein neuer **Bischofspalast** errichtet – ein einziger Baukörper, der sich an die römische Stadtmauer lehnte. 1253–57 ließ Bischof Arnau de Gurb zwei benachbarte Häuser abreißen und fügte dem Palast im rechten Winkel einen neuen Flügel mit Fassade zum Carrer del Bisbe an. 1473–82 wurden die Fenster zur Plaça Nova durch die römische Stadtmauer gebrochen. 1784 wurde der Innenhof geschlossen

Tierisches Getümmel rund um den Briefkastenschlitz der Casa de L'Ardiaca

Eine neogotische Brücke verbindet den Palau de la Generalitat mit dem Kanonikerhaus

und von Josep Mas i Dordal eine barocke Fassade zur Plaça Nova hin errichtet. Erst 1928 kam die Fassade zur Plaça Garriga Bachs hinzu. Im selben Jahr entdeckte man bei Restaurierungsarbeiten die romanischen *Galerien*. Reste des romanischen *Palastes* finden sich in der Galerie im nordwestlichen Flügel des gotischen Innenhofs. Im südwestlichen Flügel sind hübsche dreiteilige *Fenster* des 13. Jh. und ein großes Fenster im Stil der flämischen Gotik aus dem 14. Jh. zu sehen.

5 Centre Excursionista de Catalunya

Reste eines römischen Augustustempels.

Carrer Paradís 10
Tel. 933 15 23 11
www.cec.cat
Metro L4: Jaume I

Von der Baixada Santa Clara zweigt die Carrer Paradís ab, ein Gässchen mit zweifachem rechtwinkligen Knick im Verlauf. Wenige Meter nach dem zweiten Knick ist ein *Mühlstein* in den Boden eingelassen. Er bezeichnet den höchsten Punkt des Mons Taber, des Zentrums der römischen Siedlung Barcino. Der Mühlstein liegt vor einem gotischen Haus, dessen Innenhof öffentlich zugänglich ist. Ein hohes Gitter schließt ihn rechts hinten ab und schützt vier mächtige korinthische **Säulen** – die letzten Reste des römischen Augustustempels aus dem 1.–2. Jh., der an dieser Stelle in einem Garten stand. Den Hinweis auf diesen Garten birgt auch der Straßenname ›Paradís‹. Das Gebäude ist Sitz des 1876 gegründeten *Centre Excursionista de Catalunya*, das Reisen in die Pyrenäen organisiert und sich für den Erhalt der betagten Kulturlandschaft Kataloniens einsetzt.

6 Palau de la Generalitat

Einst residierte in dem prachtvollen Palast das mittelalterliche Ständeparlament Kataloniens.

Plaça de Sant Jaume 4
Metro L4: Jaume I

Dieses Gebäude ist eng mit den katalanischen Unabhängigkeitsbestrebungen innerhalb des spanischen Königreiches verknüpft. Den Anstoß zum Bau gab die Entstehung einer eigenen katalanischen *Ständevertretung* ab dem 13. Jh., offiziell begründet unter König Jaume II. Diese ›Generalitat de Catalunya‹ bestand aus Vertretern der Kirche, des Militärs und der Bürgerschaft. Philipp V. löste sie im 18. Jh. auf und bestimmte das Gebäude zum königlichen Gerichtshof, der 1908 von der ›Diputación Provincial‹ abgelöst wurde. Gerade acht Jahre, 1931–39, diente die Generalitat wieder als Sitz einer autonomen katalanischen Regierung, um unter Franco ein weiteres Mal zur Diputación Provincial degradiert zu werden. Seit 1977 ist der Palast erneut Sitz der autonomen Landesregierung von Katalonien.

Der Ursprungsbau der Generalitat stammt aus dem 14. Jh. Im 15. und 16. Jh. wurden neue Teile hinzugefügt: Ab 1425 errichtete *Marc Safont* den zweigeschossigen gotischen **Innenhof** (meist jedes 2. und 4. Wochenende im Monat zugänglich), von dem eine offene Treppe zur eleganten Galerie mit eng gedrängten Arkaden auf überschlanken Säulen hinaufführt. 1432–39 fügte derselbe Baumeister die **Capella de Sant Jordi** hinzu. Ihre überreich dekorierte spätgotische Fassade wirkt zwischen den drei Portalen wie ein Maßwerkteppich. Das Innere der Kapelle wurde 1620 um Wölbung und

Kuppel erweitert. An den Nordflügel des gotischen Innenhofes schließt der **Pati dels Tarongers** an, der seinen Namen einigen zierlichen Orangenbäumen verdankt. Mit den Arbeiten an diesem Renaissancehof und den ihn umgebenden Flügeln wurde 1532 begonnen. Das kleine Türmchen in der Südostecke des Innenhofes besitzt ein *Carrillón*, ein Glockenspiel, das täglich zur Mittagszeit alte und volkstümliche Melodien spielt.

Dem Orangenhof gegenüber, im Südflügel der gotischen Galerie, führt eine Renaissancetür in den **Gran Saló de Sant Jordi** (Besichtigung nur am 23. April, dem Georgstag). Diese dreischiffige Halle mit zentraler Kuppel wurde 1596 von *Pere Blay* als Kapelle entworfen. Sie ist der Kern des Renaissance-Baukörpers, den Pere Blay 1602 abschloss. Die breite Freitreppe, die hinunter in das Vestibül führt, stammt aus dem 19. Jh., ebenso die beiden gewaltigen Bronzelöwen.

Die **Fassade** zur Plaça de Sant Jaume hin wurde in Anlehnung an den Palazzo Farnese in Rom ab 1597 in Genueser Marmor ausgeführt. Der Balkon, auf dem 1977 die Wiedereinsetzung der Generalitat proklamiert wurde, ist eine Zugabe des 19. Jh. Berühmt ist die gotische Seitenfassade zur Carrer del Bisbe hin, die Marc Safont zugeschrieben wird. Über diesem Haupteingang des 15. Jh. bezaubert ein *Medaillon* mit dem hl. Georg. Sant Jordi ist der Landespatron Kataloniens und Symbol der katalanischen Eigenständigkeit. Auch die waagrecht aus der Mauer kragenden, bizarren Figuren der *Wasserspeier* sind beachtenswert. Der neogotische *Brückengang* über der Carrer del Bisbe erinnert an die Seufzerbrücke in Venedig. Er entstand 1926 als Verbindung zwischen Generalitat und Kanonikerhaus.

7 Plaça de Sant Jaume

Der repräsentative Hauptplatz der Stadt, gerahmt von Landesregierung und Rathaus.

Metro L4: Jaume I

Die repräsentative Plaça de Sant Jaume (Platz des hl. Jakobs) ist das politische Zentrum Barcelonas. Schon unter den Römern hatte sie zentrale Bedeutung: Hier kreuzten sich im rechten Winkel die beiden Hauptstraßen des Römerlagers, die Via Cardo und die Via Decumana. Daneben befand sich das *römische Forum*. Seit dem 10. Jh. stand hier die Kirche *Sant Jaume*, die erst im 19. Jh. zusammen

Abendstimmung auf der Plaça de Sant Jaume mit dem neoklassizistischen Rathaus (links)

Die Drachen sind los!

In der Woche um den 24. September findet während des großen Stadtfestes **La Mercè** (www.bcn.cat/merce) auf der Plaça de Sant Jaume so manches Spektakel statt. Den Auftakt macht der *Correfoc*, der Feuerlauf. Nach Einbruch der Dunkelheit kriechen mächtige, feuerspeiende Drachen aus dem Carrer de Sant Honorat mitten hinein in die dicht gedrängte Menschenmenge. Kleine Teufel begleiten sie und versuchen, die Nächststehenden auf ihre flammenden Dreizacke zu spießen. Das Feuerwerk der Pappmaschee-Echsen dauert über zwei Stunden. Der darauffolgende Sonntag beginnt mit dem eleganten *Bal de Gegants*. Riesige Figuren, fein herausstaffiert, trippeln mittels menschlicher Träger anmutig einher. Anschließend werden *Castells*, Burgen aus Menschen, gebaut – ein atemberaubend spannender und akrobatischer Wettbewerb. Welche Mannschaft baut den höchsten und kompliziertesten Turm – Barcelona, Vilafranca oder Valls?

mit anderen Gebäuden abgerissen wurde, um den ursprünglich recht kleinen Platz auf seine heutigen Ausmaße erweitern zu können. Gegenüber dem **Palau de la Generalitat** [Nr. 6], auf der Südseite des Platzes, erhebt sich die neoklassizistische Fassade des **Ajuntament** (auch Casa de la Ciutat). Sie wurde im 19. Jh. dem ursprünglichen, gotischen Bau vorgeblendet, der bereits den ersten 1373 gegründeten und 1714 aufgelösten Stadtrat beherbergte. Der Bildhauer Josep Bover steuerte 1847 die beiden Skulpturen von König Jaume I. und dem Stadtrat Joan Fiveller rechts und links des Hauptportals bei. Bei einer Führung (Tel. 934 02 70 00, meist So vormittags) durch das Rathaus hat man Gelegenheit, den ehrwürdigen Ratssaal *Saló de Cent* (1373) sowie den *Saló de Cròniques* zu besichtigen. Letzteren schmückte Josep Maria Sert 1928 mit Wandgemälden, die bedeutende Momente aus der katalanischen Geschichte thematisieren.

Reise-Video
Plaça de Sant Jaume
QR-Code scannen [s. S. 5]
oder dem Link folgen:
www.adac.de/rf0098

8 Sants Just i Pastor

Die gotische Kirche diente zeitweilig als Hofkapelle. Heute stark verändert, besitzt sie noch einen prächtigen gotischen Flügelaltar.

Plaça de Sant Just,
Eingang Carrer Sant Just
Mo–Sa 11–14 und 17–20,
So 10–12.30 Uhr
Metro L4: Jaume I

Durch schmale, schattige Altstadtgassen gelangt man zur Plaça de Sant Just mit der Kirche Sant Just i Pastor. Während des Baus der romanischen Kathedrale unter Ramón Berenguer I. el Viejo feierte der Hof hier die heilige Messe, und auch nach der Fertigstellung von La Seu 1058 blieb das Gotteshaus die Pfarrei der Könige. Die heutige Kirche entstand ab 1342 im Stil der katalanischen Gotik. Den **Glockenturm** errichteten die Baumeister *Joan Safont* und *Pere Blay* 1567.

Das überladene, düstere **Innere**, ausgestattet im Geschmack des 19. Jh., lässt kaum mehr den Ursprungsbau ahnen: eine einschiffige Halle mit vier Jochen, das fünfte wurde im späten 15. Jh. hinzu-

Schmale schattige Gassen führen zu den Sehenswürdigkeiten im Barri Gòtic

Neogotische Altäre schmücken die Seitenkapellen der Kirche Sants Just i Pastor

gefügt. Die Seitenkapellen sind zwischen die nach innen gezogenen Strebepfeiler eingeschoben. Die farbig gefassten *Schlusssteine* stammen bis auf den letzten aus dem 14. Jh. Dargestellt sind Szenen aus dem Leben Jesu und Mariens. Interessant sind auch die beiden *Taufbecken* – sie wurden aus Kapitellen gefertigt, die wohl vom westgotischen Vorgängerbau stammen.

Bedeutendstes Ausstattungsstück ist der leider meist in Dunkelheit gehüllte **Flügelaltar** in der *Capella de Sant Felix* links neben der Chorapsis. Joan de Requesens hatte in dieser Kapelle seine Familiengrablege eingerichtet und gab den Altar 1525 bei dem flämischen Bildschnitzer *Juan de Bruselas* in Auftrag. Die Tafelbilder malte der Portugiese *Pero Nunyes*. Im Zentrum steht die Darstellung der Beweinung Jesu durch seine Mutter, umgeben von Szenen aus dem Leben Jesu von der Geburt bis zur Auferstehung. Auf den Flügeln sind die Apostel Petrus und Paulus, auf der Predella der hl. Jakob (Sant Jaume) und Maria mit den hll. Felix, Katharina und Hieronymus zu sehen. Der Altar ist eines der ersten Gemälde in Barcelona, bei denen der traditionelle Goldgrund durch einen Landschaftshintergrund ersetzt wurden.

9 Palau Requesens

Einer der größten mittelalterlichen Paläste Barcelonas. Die römische Stadtmauer bildet eine Seite des Innenhofes.

Carrer Bisbe Caçador 3
Metro L4: Jaume I

Das Gässchen Bisbe Caçador endet in einem burgartigen Patio, der zu einem der größten mittelalterlichen Paläste Barcelonas gehört. Anfang des 13. Jh. wurde dieser Palast unter Einbeziehung der römischen Stadtmauer errichtet. Der *Erdgeschossbereich* des **Innenhofs** mit seinem niedrigen Rundbogenportal und der doppelläufigen Treppe gehört noch der romanischen Bauphase an. Ab der *Loggia* am oberen Treppenabsatz herrschen dagegen bereits gotische Stilelemente vor. Ein Meisterwerk sind die fein geschnittenen *Dreipassbögen* auf zierlichen Säulchen, die zur Beleuchtung und wohl auch für einen freien Ausblick in die Landschaft in die Stadtmauer gebrochen wurden. Die **Innenräume** wurden im 17. Jh. restauriert, aus dieser Zeit stammen auch die straßenseitigen Balkone.

Im 15. Jh. lebte hier der Generalgouverneur von Katalonien, Galceran de Requesens, Conde de Palamós, de Trivento y de Avelino. Heute ist der Palast Sitz der **Reial Acadèmia de Bones Lletres** (Literatur-

Virtuosität in Holz: Renaissancedecke über der Ehrentreppe des Palau del Lloctinent

akademie, Tel. 933102349, www.bones lletres.cat, Mo–Fr 9–14 Uhr), in der Wechselausstellungen zur Stadtgeschichte gezeigt werden. Außerdem zeigt hier die **Galería de Catalans Illustres** 50 Porträts berühmter Katalanen. Die stolzen Bildnisse scheinen dem Betrachter zuzurufen: Seht her, wir Katalanen haben es zu etwas gebracht.

10 Plaça del Rei

Stadtleben und Stadtmuseum rund um den imposanten Königspalast.

Metro L4: Jaume I

Die Plaça del Rei, einer der ehrwürdigsten und gemütlichsten Plätze der Altstadt, wird umringt von Bauten des 13.–16. Jh. Zum Palau del Lloctinent [Nr. 11] und zum Königspalast Palau Reial Major mit der Capella de Santa Àgata und dem gewaltigen Turm Mirador del Rei Martí gesellte sich im 20. Jh. noch die Casa Clariana-Padellàs. Letztere sind Sitz des Stadtmuseums *Museu d'Història de la Ciutat* [Nr. 12]. Am Platzeingang steht die Eisenskulptur *Topo* (1985) von Eduardo Chillida.

Von hier fällt der Blick auf die Hauptfassade des **Palau Reial Major**. Die Triforienfenster stammen aus der Regierungszeit von Pere II. el Grande (1276–85). Die Rundfenster mit Vierpässen ließ Pere IV. el Ceremonioso (1336–87) einbauen. Zwischen ihnen sind noch Reste der zugemauerten romanischen Rundbogenarkaden sichtbar. Die drei wuchtigen Riesenarkaden gingen aus der Verbindung der Strebepfeiler hervor, die die gewaltigen Schubkräfte des dahinter liegenden Thronsaals Saló de Tinell [s. S. 33] auffangen. Gleichzeitig dienen sie dem massigen fünfstöckigen Turm *Mirador del Rei Martí* als Substruktionen. Dieser wurde 1555 von *Antoni Carbonell* auf einen der römischen Stadttürme aufgesetzt und stellte die Verbindung zum *Palau del Lloctinent* [Nr. 11] auf der linken Platzseite her.

Rechts erhebt sich die **Capella de Santa Àgata**. Deren vielfach verschachtelter Baukörper prägen gewaltige Bögen und gotische Spitzbogenfenster. Dem schlanken achteckigen Glockenturm dient ein römischer Stadtturm als Unterbau.

Die gotische **Casa Clariana-Padellàs** entstand im 14. Jh. als Wohnhaus einer Kaufmannsfamilie an der Carrer de Mercaders, musste aber in den 1930er-Jahren der neuen Via Laietana weichen und wurde an ihren jetzigen Standort versetzt. Die Fassade ist, typisch für die katalanische Gotik, betont geschlossen und flächig, und wird nur durch die schlanken dreiteiligen Fensteröffnungen aufgelockert. Schön ist auch der Patio, eine Mischung aus Gotik und Renaissance mit vielfältig verzierten Fenstern.

11 Palau del Lloctinent

Der Palast der spanischen Vizekönige ist einer der wenigen Renaissancebauten der Stadt.

Plaça del Rei/Carrer dels Comtes de Barcelona 2
Tel. 934 85 42 85
geöffnet bei Veranstaltungen
Metro L4: Jaume I

Schon im 15. Jh. wünschten sich die spanischen Vizekönige den Bau einer neuen Residenz, doch erst 1547 erfolgte die Bewilligung eines neuen Palastes durch die Corts Catalanes. *Antoni Carbonell* errichtete den Palau 1549–57 im Stil der Renaissance, eine Rarität in Barcelona. Es gibt noch verschiedene gotische Elemente wie die fantastischen Wasserspeier unter der Traufe, modern im Sinne der Renaissance ist jedoch das Streben nach Symmetrie im Grundriss und im Aufbau der Fassaden. Die Fensterachsen sind regelmäßig über die Wandflächen verteilt, und die Geschosse sind in der Höhe hierarchisch gestaffelt. Das Piano Nobile mit den Repräsentationsräumen besitzt hohe Fenstertüren. An der Stirnseite treten die Seitenachsen bastionsartig aus der Fassadenfläche hervor. Ein umlaufendes Gesims, verziert mit einem Eierstab-Ornament, bildet den oberen Abschluss.

Vom Carrer dels Comtes gelangt man in den quadratischen zweigeschossigen **Patio**. Vier weit gespannte Bögen tragen hier die umlaufende Galerie des Obergeschosses. Die toskanischen Säulen der Arkaden entsprechen dem Ordnungssystem der Renaissance. Sehr schön ist die dreiläufige *Ehrentreppe* an der Nordseite des Hofes. Die Holzdecke über dem linken Treppenlauf zeugt von außergewöhnlicher Kunstfertigkeit. In der Mitte ist sie durchbrochen und um eine Galerie auf Säulchen erhöht, auf der die Holztonne mit Kassetten ruht.

Anschaulicher als auf der Plaça del Rei kann Geschichtsunterricht kaum sein

12 Museu d'Història de la Ciutat de Barcelona

Streifzug durch die römische Vergangenheit und den mittelalterlichen Königspalast.

Plaça del Rei/Carrer Veguer
Tel. 932 56 21 00
www.museuhistoria.bcn.es
Di–Sa 10–19, So 10–20 Uhr
Metro L4: Jaume I

Der Eingang des Stadtmuseums Museu d'Història de la Ciutat (MUHBA) befindet sich in der Casa Clariana-Padellàs. Auf dem Rundgang durch die Sammlung bekommt man zunächst Zeugnisse aus dem Altertum Barcelonas zu sehen, denn die Gebäude der Plaça del Rei stehen auf Resten der römischen Siedlung **Barcino**, die im 1. Jh. v. Chr. unter Augustus gegründet wurde. Die bei den Ausschachtungsarbeiten für die Aufstellung der Casa Clariana-Padellàs entdeckten Ruinen können heute im Untergeschoss besichtigt werden. Zu erkennen sind Teilstücke der römischen Straßen Cardo maximus (entspricht etwa dem Verlauf der Carrer de la Llibretería) und Cardo minor (entspricht der Carrer de la Pietat und der Baixada de Santa Clara) mit Werkstätten, Geschäften und Wohnhäusern, in denen noch Teile der *Wandbemalung* und der *Fußbodenmosaike* erhalten sind. Ein Beispiel für die halbindustrielle Produktionsweise der Römer sind die großen Tonbehälter für Öl und Mehl in den Vorratsräumen. Auch die Reste einer *Thermenanlage* sind erkennbar. Die antike *Cloaca,* die

Kanalisation, tat ihre Dienste übrigens noch bis ins 19. Jh. hinein. Eine weitere Grabungsschicht zeigt die Spuren einer frühchristlichen *Basilika* und eines *Baptisteriums* (4.–7. Jh.).

Anschließend geht es hinauf in den **Palau Reial Major**. Ramón Berenguer IV. ließ den Königspalast um 1162 über der ersten Residenz der Grafen von Barcelona errichten, seine heutige Gestalt erhielt der Palast jedoch erst im 14.–16. Jh. Im 18. Jh. überließ Philipp V. dem Orden der Klarissen einen Teil des Gebäudes als Entschädigung für den Abbruch ihres Konvents im Stadtteil La Ribera. Eine modern gestaltete Ausstellung mit Modellen, interaktiven Installationen und vielen originalen Exponaten beleuchtet hier die Geschichte Barcelonas vom 8.–13. Jh. in allen ihren Facetten von Politik über Religion bis in die Alltagswelt der Bewohner.

TOP TIPP Anschließend geht es zur **Capella de Santa Àgata** (katalanisch Águeda), die Jaume II. und sein Nachfolger Alfons III. el Benigno in der ersten Hälfte des 14. Jh. von Baumeistern wie Bertram Riquer, Jaume del Rei und Pere Oliva als Palastkapelle errichten ließen. Der elegante Sakralraum war ursprünglich der Muttergottes geweiht, doch im Laufe des 15. Jh. gewann das Patrozinium der hl. Agathe immer mehr an Bedeutung, da in der Kapelle der Stein aufbewahrt wurde, auf dem einst die abge-

Die Capella de Santa Àgata des Palau Reial Major mit dem Dreikönigsaltar von Jaume Huguet

Erlesene Vielfalt: Skulpturen, Malerei und Kunsthandwerk im Museu Frederic Marès

schnittenen Brüste der Heiligen gelegen hatten. Der schlichte einschiffige Innenraum wird durch Spitzbögen in drei Joche gegliedert, besitzt ein angedeutetes Querhaus und eine hohe Chorapsis mit Kreuzrippengewölbe. Als Wandvorlagen dienen schlanke Rundsäulchen, die nahtlos in die Bögen übergehen. Die Holzdecke weist originale Bemalung auf. Ein Musterbeispiel für die Qualität der gotischen Malerei Kataloniens ist der auf 1465 datierte *Dreikönigsaltar* (Retaule del Condestable) des Malers Jaume Huguet. Im Zentrum steht die ›Anbetung der Heiligen Drei Könige‹ – deutlich beeinflusst von Rogier van der Weyden –, darüber die ›Kreuzigung‹. Faszinierend ist die naturalistische Darstellungsweise der königlichen Gaben und der gesamten Kulisse. Stall und Landschaft sind detailverliebt ausgestaltet, während die Zone des Himmels vom traditionellen Goldgrund eingenommen wird.

Der **Saló de Tinell** gleich nebenan, ein wahres Meisterwerk der gotischen Baukunst, wurde 1359–70 unter Pere IV. el Ceremonioso von *Guillem Carbonell* errichtet. Sechs weit gespannte Rundbögen aus Haustein überwölben den riesigen königlichen Fest- und Thronsaal. 1493 wurde hier *Christoph Kolumbus* bei der Rückkehr von seiner ersten Reise in die Neue Welt von den Katholischen Königen Ferdinand und Isabella empfangen. Die Klarissen verwandelten den Saal im Barock in eine Kirche mit Seitenkapellen, doch bei der ersten großen Restaurierung ab 1936 wurde er in seiner ursprünglichen Gestalt wiederhergestellt.

13 Museu Frederic Marès

Ein Teil des alten Königspalastes beherbergt heute ein hervorragendes Skulpturenmuseum und ein Museum mit großbürgerlichen Gebrauchsgegenständen.

Plaça de Sant Iu 5
Tel. 932 56 35 00
www.museumares.bcn.es
Di–Sa 10–19, So 11–20 Uhr
Metro L4: Jaume I

Der Palau Reial Major wurde in der ersten Hälfte des 14. Jh. um einen Flügel erweitert. In diesem ist heute die Kunstsammlung untergebracht, die der Bildhauer Frederic Marès (1893–1991) zusammengetragen hatte. 1940 schenkte er sie der Stadt. Das Museu Frederic Marès zählt neben dem Museum von Valladolid zu den bedeutendsten Skulpturenmuseen in Spanien. Sein Spektrum reicht von der iberischen Kunst bis zum Barock, der Schwerpunkt liegt auf Werken aus Kastilien und Navarra. Im Erdgeschoss (Säle 1–11 und 13) sind Skulpturen zu sehen, welche die Zeitspanne vom 5. Jh. v. Chr. bis ins 14. Jh. repräsentieren. Hervorzuheben sind die *Kruzifixe*, an denen sich der Wandel im Bild des gekreuzigten Christus vom göttlichen Herrscher mit Königskrone hin zum leidenden bzw. toten Christus mit Wundmalen und Dornenkrone nachvollziehen lässt. Ein *Relief* (12. Jh., Saal 2) aus dem Kloster San Pere de Rodes beeindruckt mit einer packenden Darstellung der Berufung Petri. Es dürfte wohl eine

Reiterstatue an der Plaça Ramón Berenguer el Gran und die Capella de Santa Àgata

Arbeit des Meisters de Cabestany sein. Im Untergeschoss (Saal 12) mit Skulpturen des 4.–16. Jh. lohnt der *Alabastersarkophag* für Pedro Suarez aus dem 16. Jh. eine Betrachtung. Die Figur des Bürgermeisters von Toledo trägt anstelle der üblichen Rüstung ein langes gegürtetes Gewand mit schmuckem Rüschenkragen und ein Schwert an der Seite.

Das 1. Obergeschoss (Säle 14–28) ist der Kunst des 15.–19. Jh. gewidmet. Das *Kunsthandwerk der Mudéjares*, der Mauren, die unter christlicher Herrschaft lebten, ist mit Exponaten des 13. Jh. wie einem Holztor aus der Gegend von León vertreten. Wahre Kuriositäten sind die *Hostieneisen* des 13.–16. Jh. In Saal 22 verdienen vier fein gearbeitete Alabasterreliefs (1570–77) von Manuel Alvarez mit Szenen des Marienlebens besondere Beachtung. Sie kamen aus einem Zisterzienserkloster von Valladolid nach Barcelona.

Das 2. und 3. Obergeschoss beherbergen mit dem Sammlerkabinett **Gabinet del col.leccionista** quasi ein Museum im Museum. Es versammelt zahlreiche Gebrauchsgegenstände und Objekte aus der großbürgerlichen Lebenswelt im Barcelona des 19. Jh., Sonnenschirme, Nippes, Streichholzschachteln, frühe Fotografien und religiöse Volkskunst.

14 Museu Diocesà de Barcelona

Tafelbilder und Skulpturen aus der Glanzzeit Barcelonas im ehemaligen Almosenhaus.

Pla de la Seu, 7/Av. de la Catedral
Tel. 933 15 22 13
www.cultura.arqbcn.cat
Di–Sa 10–14 und 17–20, So 11–14 Uhr
Metro L1, L4: Urquinaona, L4: Jaume I

Die Ostseite der Pla de la Seu begrenzt die **Casa de la Pia Almoina**, das Haus des frommen Almosens. Diese Institution wurde 1009 ins Leben gerufen, sie hatte sich zum Ziel gesetzt, jeden Tag mindestens 100 Arme zu speisen und sich um die Pilger zu kümmern, die in Barcelona Station machten. Um 1450 wurde ein Erweiterungsbau errichtet, der mit einem steilen Giebel an der Pla de la Seu aufragt. Hundert Jahre später wurde das Gebäude nach Norden hin erweitert und bildet somit eine Seite des Platzes.

Heute bildet die Casa de la Pia Almoina den Rahmen für das Museu Diocesà de Barcelona. Seit 1916 hat das Diözesanmuseum *Gemälde* und *Skulpturen* der Romanik und Gotik, der Renaissance und des Barock aus verschiedenen Kirchen zusammengetragen. Auf einigen der Altarretabel sind die Heiligengeschichten in Kulissen mit zeitgenössischen *Stadtansichten* eingebettet.

15 Plaça Ramón Berenguer el Gran

Der Platz am Fuße der Stadtmauer bietet einen interessanten Blick auf die ›Fundamente‹ Barcelonas.

Metro L4: Jaume I

Die Plaça Ramón Berenguer el Gran vermittelt gewährt spannende Einblicke in die Geschichte Barcelonas. Stadtgrundriss und Stadtbild wurden maßgeblich geprägt von der Zeit der römischen Herrschaft über die Provinz Laietana und von der Blüte Barcelonas im Mittelalter. Die beiden Epochen bauen sich hier, einem Prospekt gleich, vor dem Betrachter auf. Die Basis des Ensembles bildet, wie bereits an der Pla de la Seu [Nr. 1] gesehen, die **römische Stadtmauer** mit sieben quadratischen, sorgfältig restaurierten Türmen. Die bis auf eine Höhe von 9 m erhaltene Mauer ist aus großen Hausteinen gefertigt. Drei der Türme besitzen noch ihre ursprüngliche Höhe von 18 m. Auf diese Mauer wurde im 13. und 14. Jh. die Palastkapelle *Santa Àgata* [s. S. 32] mit ihrem fast 40 m hohen, achteckigen Turm gebaut. Dahinter präsentiert sich der wuchtige Klotz des *Mirador del Rei Martí* aus dem 16. Jh., hinter dem wiederum die mächtigen Türme der gotischen *La Catedral* [Nr. 2] aufragen.

Der Name des Platzes erinnert an Ramón Berenguer III. (1096–1131), Graf von Barcelona. Er erhielt den Beinamen ›der Große‹, da er die sich den Arabern widersetzenden katalanischen Grafschaften einte. Seit 1950 schmückt sein **Reiterstandbild** den Platz, das der modernistische Bildhauer Josep Llimona bereits 1920 geschaffen hatte.

16 Carrer del Call

Reste des Jüdischen Viertels im mittelalterlichen Barcelona.

Metro L4: Jaume I

›Call‹ leitet sich aus dem Hebräischen (Qahal) ab und heißt Versammlung. Die Straße war im Mittelalter Zentrum des gleichnamigen **Judenviertels**, das sich von der Plaça Nova (Portal del Bisbe) bis zur Carrer de la Boqueria (Portal del Nou) erstreckte. Hier war die geistige Elite Kataloniens zu Hause – berühmte Dichter, Astronomen und Philosophen. Lange Zeit (bis 1450) war die *jüdische Universität* die einzige Hochschule in Barcelona. Gelehrt wurden Philosophie, Mathematik, Physik, Astronomie, Alchemie, Geografie, Medizin und Chirurgie. Außerdem gab es Knabenschulen, Bäder und Krankenhäuser – Einrichtungen, die im Mittelalter keine Selbstverständlichkeit waren.

Juden bekleideten zum Teil wichtige staatliche Positionen, so entsandte Jaume II. (1291–1327) zwei Juden als Botschafter nach Granada und Tunis. Doch bereits 1243 hatte König Jaume I. das Viertel von der übrigen Stadt durch eine Mauer abgrenzen lassen.

1348 wurde der Call unter dem Vorwand geplündert, seine Bewohner hätten den Schwarzen Tod in die Stadt eingeschleppt. Tatsächlicher Grund für diesen Angriff dürfte aber der Wunsch gewesen sein, die starke wirtschaftliche Position der Juden zu brechen. 1395 wurde eine der beiden Synagogen in eine Drei-

Die Sinagoga Major de Barcelona bewahrt Zeugnisse jüdischen Glaubens

Lauschiges Plätzchen mit Brunnen: die im Gassengewirr versteckte Plaça Sant Felip Neri

faltigkeitskirche umgewandelt, die andere 1396 an eine Töpferei verpachtet. 1424 fand schließlich die endgültige *Vertreibung* der Juden aus dem Viertel statt. 1995 entdeckte man im Keller eines Gebäudes Reste der **Sinagoga Major de Barcelona** (Carrer Marlet 2, Tel. 933170790, www.calldebarcelona.org, Mo–Fr 10.30–14.30 und 16–19 Uhr, Sa/So 10.30–15 Uhr) und restaurierte sie. Tritt man wieder auf die Straße, so findet man im ersten Haus (Carrer Marlet 1) einen Stein mit der hebräischen Inschrift: ›Heilige Stiftung des Rabbi Samuel Hassareri, dessen Leben nie enden möge‹, 1314.

Wer sich für das jüdische Leben in Barcelona im Detail interessiert, kann dem **Centre d'Interpretació del Call** (MUHBA El Call, Placeta de Manuel Ribé, Tel. 932562122, www.museuhistoria.bcn.cat, Di–Fr 11–14, Sa/So 11–19 Uhr), einer Dependance des Museu d'Historia de la Ciutat [Nr. 12], einen Besuch abstatten. Es ist im *Haus des Rabbis* aus dem 14. Jh. untergebracht und zeigt jüdische Alltagsgegenstände, beispielsweise Geschirr, und zwei Grabsteine aus dem 13. und 14. Jh., die bei Ausgrabungen zu Tage gefördert wurden. Das Zentrum organisiert außerdem thematische Stadtspaziergänge, Vorträge und kulturelle Veranstaltungen.

17 Plaça Sant Felip Neri

TOP TIPP *Stimmungsvoller Platz abseits des touristischen Treibens.*

Metro L4: Jaume I

Die kleine Plaça Sant Felip Neri gehört zu den heimeligsten Orten der Stadt. Sie ist beinahe ganz umbaut, zwei schmale Zugänge sind offen geblieben. In der Platzmitte plätschert ein kleiner **Brunnen**, gerahmt von zwei Akazien. Das Wasser läuft aus einer Muschelschale in den achteckigen Trog, der mit weißen und grünen Fliesen ausgekleidet ist. Von der Carrer Montjuïc del Bisbe betritt man den Platz durch einen Rundbogen. Zur Rechten dieses Tores stehen die Konventsgebäude von **Sant Felip Neri** samt einer Schule und der dem hl. Philippus Neri geweihten Kirche. Das Kloster mit seiner schlichten Fassade und einem barocken Kreuzgang wurde 1673 errichtet und im 18. Jh. umgebaut. Die Kirche Sant Felip Neri (1748–52) erweist sich als ein typischer Bau der römischen Gegenreformation: einschiffiger Innenraum mit Tonnengewölbe und Spitzkappen, seitliche Kapellen und Kuppel über der Vierung.

Zur Linken des Platzzuganges steht ein hübsches Renaissancepalais, heute Sitz des Schuhmuseums **Museu del Calçat** (Plaça Sant Felip Neri 5, Tel. 933014533, Di–So 11–14 Uhr). Es wurde als Zunfthaus der Schuhmachergilde an der Pla de la Seu [Nr. 1] erbaut und später hierher versetzt. An der *Fassade* lässt sich die Bestimmung des Gebäudes sehr einfach ablesen: In den vier Ecken und an den Reliefs der Fensterstürze erscheinen Schuhe und Füße, auf der großen Reliefplatte in der Mitte hockt ein Löwe. Die *Inschrift* zwischen den beiden Eingangstüren im Erdgeschoss informiert über das Baujahr des Hauses und die Bedeutung des Löwen. Er ist das Symbol des Evangelisten Markus, der als Patron der Schuhmacher gilt. Das Museum im Inneren präsentiert Repliken historischen Schuhwerks vom 2.–18. Jh. Zudem sind Schuhe berühmter Persönlichkeiten wie Charlie Rivel oder Pau (Pablo) Casals zu sehen.

Les Rambles – Flaniermeile unter schattigen Platanen

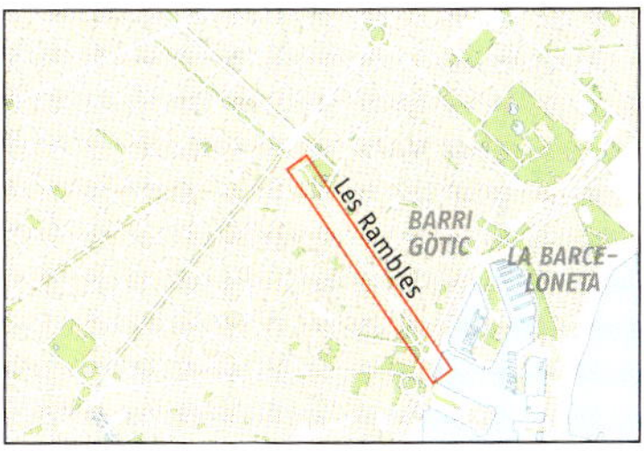

La Rambla oder Les Rambles – das ist für viele Menschen aus Nah und Fern gleichbedeutend mit Barcelona. Und dabei ist nicht mehr damit gemeint als ein circa 1,5 km langer Straßenzug, der sich aus verschieden benannten Abschnitten zusammensetzt und von der *Plaça de Catalunya* hinunter zur *Plaça Portal de la Pau* führt.

Als Barcelona noch in den Kinderschuhen steckte und gerade die Umgebung des kleinen Hügels Mons Taber umfasste, führte entlang der westlichen Stadtmauer ein trockenes **Flussbett** hinab zum Meer, das sich nur bei heftigen Regengüssen füllte. Die arabische Bezeichnung dafür war Rambla. Sie ging in die spanische Sprache ein. Im Laufe der Zeit dehnte sich die Stadt jenseits ihrer engen Mauern weiter aus, und das Flussbett verwandelte sich allmählich in die einzige wirklich breite **Straße** der Altstadt. Hier trieb man Handel, ergötzte sich schaudernd an öffentlichen Hinrichtungen, traf sich zum abendlichen Flanieren, zum Diskutieren und Philosophieren. Seit dem 16. Jh. ließen sich an der Rambla verschiedene Konvente nieder, umfangreiche Klosterkomplexe entstanden. Ende des 18. Jh. wurde die Straßenmitte erhöht und mit Pappeln bepflanzt. 1859 kamen Platanen hinzu, die der Rambla heute ihr unverwechselbares Gepräge geben.

Allzuviel hat sich an der Funktion der Rambla nicht geändert. Wie kein anderer Ort der Stadt kann diese Straße in kürzester Zeit ein Bild von der Vielschichtigkeit Barcelonas vermitteln: schlendernde Bürger mit ihren herausgeputzten Kindern, verliebte Paare, unternehmungslustige Jugendliche, schaulustige Touristen und viele mehr. Sie alle ziehen vorbei an den zahlreichen Tischen der Cafés und Restaurants, den Bücher- und Zeitschriftenständen, dem bunten Blumen- und schrillen Vogelmarkt, den fliegenden Händlern und dem Kunstgewerbemarkt, der am unteren Ende der Rambla am Wochenende stattfinde

Piepmatz gefällig? Die Rambla dels Estudis ist berühmt für ihren Vogelmarkt

18 Rambla de Canaletes

Heiße Fußballdiskussionen und ein Brunnen der Wiederkehr.

Metro L1, L3: Catalunya

Hier treffen sich die Fußballbegeisterten der Stadt, um die aktuellen Spiele zu kommentieren und die Siege des FC Barcelona zu feiern. Es gibt auch einige Cafés und Restaurants wie das **Nuria** (Rambla de Canaletes 133, Tel. 933 02 38 47, www.nuria.) oder Paella für die weitere Stadtbesichtigung stärken kann.

Der Gusseisenbrunnen **El Font de Canaletes** in der Mitte der Straße mit seinen vier kreisrunden Wasserbecken gab diesem Teil der Rambles den Namen. Obwohl das Brunnenmodell an verschiedenen Stellen der Altstadt anzutreffen ist, soll gerade dieser Rambla-Brunnen dem, der aus ihm trinkt, eine Wiederkehr nach Barcelona garantieren.

Reise-Video
Die Rambles
QR-Code scannen [s.S.5] oder dem Link folgen: www.adac.de/rf0104

19 Rambla dels Estudis

Bunte Vogelwelt und eine bewegte akademische Geschichte.

Metro L1, L3: Catalunya

In kleinen, übereinander gestapelten Käfigen turnen und kreischen Papageien. Auf diesem Teil der Rambles ist täglich **Vogelmarkt,** was dem Straßenabschnitt auch seinen volkstümlichen Namen *Rambla dels Ocells* gab. Seine offizielle Bezeichnung verdankt er allerdings dem ersten Universitätsgebäude der Stadt, das 1536 hier errichtet wurde. 1450 hatte Alfons V. die Einrichtung des ›Estudi General‹ bewilligt mit den Lehrstühlen Theologie, Kanonisches Recht und Zivilrecht, Philosophie und Medizin. 200 Jahre später ergriffen die Studenten zusammen mit der Stadt die falsche Partei im Spanischen Erbfolgekrieg, und so schloss

Philipp V. Anfang des 18. Jh. die Tore dieser Institution und machte das Gebäude zu einem Militärquartier. 1843 wurde es abgerissen.

Die **Reial Acadèmia de Ciències i Arts de Barcelona** (Rambla dels Estudis 115, Tel. 933 17 05 36, www.racab.es), die 1764 gegründete Akademie der Wissenschaften und Künste, residiert in einem hübschen Bau mit Uhr im mittleren hohen Rundbogenfenster. Das Erdgeschoss nimmt das *Teatre poliorama* (www.teatrepoliorama.com) ein. Nebenan steht der einstige Firmensitz der Compañía General de Tabacos de Filipinas, lange Zeit eines der bedeutendsten Wirtschaftsunternehmen Spaniens. Heute beherbergt der Neorenaissance-Bau das elegante **Hotel 1898** [s. S. 130] mit dem Bar-Restaurant La Isabela auf der Dachterrasse.

Die **Església de Belén** (Rambla 107/ Carrer del Carme) geht auf eine Gründung der Jesuiten zurück. Mit dem ersten Kirchenbau, der nur die Grundfläche der heutigen Apsis einnahm, wurde gegen 1533 begonnen. 1671 brannte dieses Gotteshaus ab, und man errichtete an seiner Stelle einen Barockbau. Blickfang sind die Diamantquader der *Seitenfassade* an der Rambla, die Hauptfassade weist zum Carrer del Carme. Das kleine *Relief* mit der Weihnachtsdarstellung (El Belén) über dem Portal veranschaulicht das Patrozinium der Kirche. Bauherren und Träger der Kirche vertreten die zwei *Statuen* zu Seiten des Portals: Rechts steht Ignatius von Loyola, links Francisco de Borja. Der *Innenraum* entspricht dem Typus der römischen Jesuitenkirche. Seltsam berührt die Kahlheit und ungelenke Modernität, steht man doch in einer Barockkirche. Mit Ausnahme der Kathedrale gibt es jedoch in ganz Barcelona so gut wie keine alte Kirche, die eine nennenswerte Innenausstattung besäße. Der Grund dafür war ein wütender Kirchensturm 1936, während des Bürgerkrieges, bei dem fast alle Kirchen der Stadt geplündert oder in Brand gesteckt wurden.

Gegenüber der Belén-Kirche steht der **Palau Moja** (Carrer de la Portaferrissa 1, Tel. 933 16 27 40, www.gencat.cat), ein Palais, das 1774–90 nach Plänen der Architekten *Francesc Pla ›El Vigata‹* und *Antoni Rovira i Trias* entstand. Die schlichte, flächig gefasste Fassade strahlt die ernste Würde des Klassizismus aus und bildet so einen reizvollen Kontrast zur barocken Üppigkeit der Diamantquaderfassade auf

Menschenstrom statt Wassermassen: Die Rambles waren einst ein Flussbett

Der Barça – Barcelonas Fußballklub

Wenn auf der Avinguda Diagonal der Verkehr zusammenbricht, dann wird in Barcelonas wichtigstem Fußballstadion in Kürze ein Heimspiel des **FC Barcelona** angepfiffen. Wenn Straßen, Restaurants und Bars wie leer gefegt sind und die Kellner gebannt auf den Fernseher starren, dann spielt bestimmt der Barça. Wenn plötzlich in der ganzen Stadt ein ohrenbetäubendes Hupkonzert losbricht und blau-rote Fahnen aus den Autofenstern flattern, dann hat der heimische Verein das Spiel gewonnen. Wenn neben dem Canaleta-Brunnen auf den Rambles ältere Herren in hitzige Diskussionen verwickelt sind, dann hat der Klub Punkte verloren. Die Geschicke des Barça sind, seit der Klubgründung durch den Schweizer *Hans Gamper* im Jahre 1899, Gesprächsthema Nummer Eins in der Stadt.

Der Barça ist kein gewöhnlicher Fußballverein, sondern ›més que un club‹ – mehr als ein Klub, wie jeder Barceloner mit Stolz versichert. Neben den sportlichen Einrichtungen unterhält der finanzstarke Verein zum Beispiel ein Museum (s. u.), ein Altenheim und einen Kindergarten.

Die Geschicke des Klubs sind nicht selten mit dem Geschehen auf der politischen Bühne verstrickt. Während der Franco-Diktatur hatte die zentrale Macht in Madrid ein wachsames Auge auf den Verein, der nicht nur Sportbegeisterung an den Tag legte, sondern auch nationalistisch-katalanische Gesinnung offenbarte. Erzfeind des Barça ist daher bis heute **Real Madrid**. Wenn die Madrileños eine Niederlage erleiden, freut sich ganz Katalonien.

Heimspiele finden meist am Sonntagnachmittag statt. Tausende von Zuschauern pilgern zum Stadion, Souvenirhändler machen mit blau-roten Flaggen, Trikots und ›JordiCulé‹-Aufklebern, dem Maskottchen des Vereins, ein gutes Geschäft. **Culés** (Hintern) heißen auch die Fans des Barça, die diesen Namen mit Stolz tragen. Er hat seinen Ursprung in der Zeit, als im alten Stadion Les Corts die Hinterteile der Zuschauer durch die Ritzen der Sitzbänke blitzten. 1957 wurde ein neues Stadion, **Camp Nou** (Metro L5: Collblanc), eröffnet. Mit fast 99 000 Sitzplätzen ist es das größte Fußballstadion Europas. Der vom britischen Starachitekten Sir Norman Foster geplante Umbau des Stadions, der eine Erweiterung auf 116 000 Plätze und eine neue schillernde Außenhaut vorsieht, liegt seit 2010 auf Eis, ob er jemals zur Ausführung kommt, ist ungewiss.

Für Fußballfans aus aller Welt gehören der Besuch eines Heimspiels des Vereins und die Besichtigung des **Museu FC Barcelona** (Av. d'Arístides Maillol, Tel. 934 96 36 00, www.fcbarcelona.com, Mitte April–Mitte Okt. Mo–Sa 10–20, So 10–14.30, Mitte Okt.–Mitte April Mo–Sa 10–18.30, So 10–14.30 Uhr, Metro L5: Collblanc) zu den Höhepunkten des Barcelona-Aufenthalts. Das Museum zeigt Dokumente und Trophäen des Barça sowie eine audiovisuelle Show über Geschichte und Bedeutung des Vereins. Außerdem werden Führungen durchs Stadion angeboten.

der anderen Straßenseite. Heute nutzt die *Generalitat*, die Regionalregierung, die großen Säle bisweilen für Ausstellungen.

20 Rambla de Sant Josep

Herrliche Blütenpracht und kulinarische Marktfreuden.

Metro L3: Liceu

Offiziell heißt dieser Abschnitt der Rambles nach einem Kloster, das einmal hier stand, Rambla des hl. Josef. Heute aber ist das Straßenbild von einem Meer bunter Blumen geprägt, das ihr den Beinamen *Rambla de les Flors* eingetragen hat. Die Blumen werden an zahlreichen Ständen und Glaskiosken verkauft, die nach den Buchstaben von A bis R geordnet sind, es folgt der Name des jeweiligen Händlers. Diese Häuschen dienten ursprünglich als Fleischstände für die Metzger, die im 19. Jh. in den Markt Mercat de la Boqueria übersiedelten.

Bemerkenswertestes Gebäude an diesem Abschnitt der Rambles ist der elegante Palast der Vizekönigin, **Palau de la Virreina** (La Rambla 99, Tel. 933161000, www.virreina.bcn.cat, Di–So 12–20 Uhr). Er wurde 1772–78 unter Leitung des Architekten und Bildhauers *Carles Grau* errichtet. Sein Bauherr Don Manuel Amat i Junyent war Mitte des 18. Jh. Vizekönig von Peru. Nachdem er dort ein Vermögen gemacht und 1771 von Lima aus detaillierte Pläne für den Bau eines Palastes in seine Heimatstadt Barcelona gesandt hatte, kehrte er zurück und ehelichte eine junge Adlige. Unglücklicherweise starb er bald darauf, und das kostbar ausgestattete Rokokopalais wurde zum Witwensitz der Vizekönigin, die allerdings nie einen Fuß auf peruanische Erde setzte. Die *Fassade* des Palastes ist in einer aparten Mischung aus Rokokoelementen (in der Dekoration) und strengem Klassizismus (in der straffen Kolossalgliederung) gestaltet. Bemerkenswert ist die bekrönende *Balustrade*, die mit ihren wuchtigen Vasenaufsätzen ganz typisch für den Geschmack jener Zeit ist. Heute nutzt die Stadt Barcelona, das Ajuntament, das Gebäude für *Wechselausstellungen* moderner und zeitgenössischer Kunst.

Vielleicht der bekannteste unter den 38 Märkten Barcelonas ist der **Mercat de la Boqueria** (Rambla 91, www.boqueria.info, Mo–Sa 8–20.30 Uhr), auch Mercat de Sant Josep genannt. 1836 wurden die Markthallen in adretter Gusseisenkonstruktion an der Stelle des aufgehobenen Klosters der Carmelitas Descalzas de San José (1593) errichtet. Wie überall auf den Märkten der Stadt bereitet schon allein ein Rundgang mitten im Gedränge große Freude, vorbei an den farbenfrohen Ständen, den Cafés und Imbisstheken.

An der Ecke zum Carrer de la Petxina gibt es mit der 1902 gestaltete Ladenfassade der **Antigua Casa Figueras** entzückenden Jugendstil zu bewundern. Die Besitzer des Hauses umgaben sich damals, wie viele Mäzenaten des Modernisme, mit einigen Künstlern und Kunsthandwerkern, die sich an der Gestaltung

Frühlingsgefühle: Die Blumenpracht auf der Rambla de Sant Josep garantiert gute Laune

beteiligten und ein modernistisches Kunstwerk aus Reliefs, Mosaiken, Schmiedeeisen und Glas schufen. Heute beherbergt das aus die feine Patisserie **Escribà** (Rambla de les Flors 83, Tel. 933 01 60 27, www.escriba.es) mit Café.

Audio-Feature Markthalle La Boqueria
QR-Code scannen [s. S. 5] oder dem Link folgen: www.adac.de/rfo817

21 Rambla dels Caputxins

Plaça Reial – Palau Güell

Ganz große Oper und ruhige Oasen am Rande des Rambla-Trubels.

Metro L3: Liceu

Ungeachtet seines unscheinbaren, an einen Bahnhof erinnernden Äußeren zählt das **Gran Teatre del Liceu** (s. S. 122, www.liceubarcelona.cat, Führungen tgl. 10 Uhr) zu den bedeutendsten und schönsten Opernhäusern Europas. Es wurde in den Jahren 1844–48 von *Miguel Garriga i Roca* errichtet und wird an Größe nur von der Mailänder Scala übertroffen. Nach einem Brand 1994 wurde das Liceu bis 1999 in geschickter Mischung aus originalgetreuer und moderner Architektur rekonstruiert. Vom Foyer führt eine Prunktreppe hinauf in den üppig vergoldeten Zuschauerraum mit fünf Rängen und insgesamt 2300 Plätzen. Die Geschichte des Hauses ist mit dem Werk Richard Wagners verbunden, schon 1862 wurde hier sein ›Thannhäuser‹ inszeniert, und in der Silvesternacht 1913 hob sich der Vorhang zur Aufführung des ›Parsifal‹, der ersten außerhalb Bayreuths. Es sollte fast hundert Jahre dauern, bis das Bühnenweihfestspiel 2011 unter der Regie von Claus Guth erneut seine Magie auf dieser Bühne entfalten konnte. Anlässlich des 200. Geburtstages Wagners 2013 kommen die Opern ›Das Rheingold‹ und ›Rienzi‹ zur Aufführung.

Verlässt man die Rambla an der Plaça de la Boqueria und folgt dem Carrer del Cardenal Casañas, kommt man auf die von Pinien bestandene **Plaça del Pi**. Die gotische Kirche **Santa Maria del Pi** zählt neben Santa Maria del Mar und dem Monestir de Pedralbes [Nr. 25 und Nr. 84] zu den bedeutendsten Zeugnissen der

Ein Schmuckstück – die palmenbestandene Plaça Reial unweit der Rambles

katalanischen Gotik in Barcelona. Gegen 1322 wurde mit dem Bau der Kirche begonnen. Die Fassade ist original erhalten, das Langhaus wurde in der 2. Hälfte des 14. Jh. mit vierteiligen, weit herabgezogenen Gewölben versehen. Drei Baumeister sind bekannt: Guillem Abiell (um 1415), Francesc Basset (um 1443) und Bartomeu Mas (2. Hälfte des 15. Jh.), der Kapitelsaal und Glockenturm schuf. Der Bau ist ein gewaltiger Kubus, massig und geschlossen, über der Kapellenzone treten die Strebepfeiler kräftig hervor. Sie sind von Spitzbögen und Gängen durchbrochen und bilden so einen Umgang um die Kirche in luftiger Höhe. Die *Fassade* besteht aus einer gewaltigen Wandfläche, die eine große Fensterrose schmückt. Zwei Turmansätze betonen die Ecken. Die Portalzone wirkt wie gotisches Zierwerk, die aufgesetzten Spitzbogenarkaden mit leeren Nischen wie Ornament. Schön sind die Köpfe in dem Kapitell des linken, äußeren Gewändes.

Am *Seiteneingang* an der Plaça Josep Oriol gibt es interessante Kapitelle im rechten Portalgewände, den Sündenfall und zwei Engel darstellend. Im Inneren wird man von einem weiten, wunderbar ausgewogenen *Saalraum* umfangen: eine einschiffige Halle ohne Querschiff, die von einer polygonalen Apsis abgeschlossen wird. Die Wandflächen besitzen eine verhaltene, zierliche Gliederung: vorgelagerte schlanke Rundsäulchen und einen schmalen horizontalen Gesimsstab an der Unterkante der großen, farbigen Fenster. Herrlich ist die blaue *Fensterrose* über dem Portal. Sie besteht komplett aus Blumen – in Farbe, Form und Motiven ein großartiges Symbol Mariens. Allerdings ist sie ›nur‹ eine sehr gute Kopie, das Original wurde 1936 durch einen Brand zerstört.

Eines der bedeutendsten Opernhäuser Europas – das Grand Teatre del Liceu an der Rambla

Auf dem Dach des Palau Güell ließ Gaudí bunte Pilzkamine emporsprießen

An der Südseite der Kirche öffnet sich die **Plaça de Sant Josep Oriol**. Hier wird bei der Fiesta de la Mercè [s. S. 20] Sardana getanzt. Sonntags gibt es einen kleinen Kunstmarkt. Die Künstler treffen sich unter der Woche in der altehrwürdigen **Bar del Pi** [s. S. 119]. Gegenüber der Kirche steht ein prächtiges *Patrizierhaus* (Nr. 4) mit schmiedeeisernen Balkonen – das Stadtpalais der Familie Fivaller aus dem Jahre 1571.

Durch drei Passagen am Rande der Rambles zugänglich ist die wunderschöne **Plaça Reial**. Sie entstand 1848–59 nach Entwürfen von *Francesc Daniel i Molina*

Gewaltige Ziegelsäulen machen sogar den Pferdestall des Palau Güell zur Attraktion

und gilt als eine der reizvollsten Plätze Barcelonas, häufig wird sie sogar mit der Plaza Mayor in Madrid verglichen. Die Tatsache, dass der Platz aus beinah gleichartigen Flügeln mit durchlaufenden *Arkaden* und drei Obergeschossen gebildet ist, überspielt geschickt die leichte Asymmetrie des Grundrisses. In der Epoche um 1900 war die Plaça Reial mit ihren schlanken Palmen, dem *Drei-Grazien-Brunnen*, den Parkbänken und den Laternen (um 1878), die Antoni Gaudí in seiner Frühzeit entwarf, ein Corso des Großbürgertums. Heute ist sie ein weltoffener und zugleich volkstümlicher Platz mit kunterbuntem, je nach Tageszeit wechselndem Publikum. Rund um den Platz finden sich Cafés, Bars, Fischrestaurants , *Marisquerías* genannt, sowie einige Nachtclubs. Am Sonntag werden auf dem Platz Briefmarken gehandelt.

Ein Paradies für Liebhaber von kleinen Geschäften, an denen die Zeit spurlos vorübergegangen zu sein scheint, ist der Kräuterladen **Herboristeria del Rei** [s. S. 113] im Carrer del Vidre 1. Er wurde 1823 von der Familie Baratta gegründet. Jede Schublade ist mit einem eigenen Bildmotiv geschmückt und hinter der Ladentheke sitzen meist zwei reizende alte Damen, emsig Kräuter in Körbe zupfend. Fotografieren ist hier allerdings nicht erwünscht.

In den Jahren 1885–89 errichtete Antoni Gaudí den **Palau Güell** (Carrer Nou de la Rambla 3–5, Tel. 934725775, www.palauguell.cat, April–Sept. Di–So 10–20, Okt.–März Di–So 10–17.30 Uhr) für seinen Förderer und Freund, den Industriellen Graf Eusebi Güell. Es war das erste Projekt, das Gaudí ganz in eigener Verantwortung ausführte und eine heikle Aufgabe, da das Grundstück sehr knapp geschnitten und seine Lage auch damals nicht gerade repräsentativ war. Gaudí entwickelte deshalb ein von der Straße weitgehend abgeschirmtes, in sich geschlossenes Gehäuse. Die *Fassade* aus hellgrauem Naturstein wirkt schroff und abweisend. Wie zwei dunkle Schlünde gähnen darin die beiden parabolförmigen Tore mit ihren mächtigen schmiedeeisernen Gittern. Im *Untergeschoss* war der Pferdestall untergebracht. Sehenswert sind hier die gewaltigen gedrungenen *Ziegelsäulen*, auf denen der ganze sechsstöckige Bau ruht. Im Erdgeschoss konnte mit Kutschen vorgefahren werden, und man gelangte so direkt über die zentrale Treppenanlage in die *Beletage* mit den Salons, den Schlafzimmern, der Bibliothek und dem imposanten *Ballsaal*, der die gesamte Gebäudehöhe durchstößt. In dieser vornehmen Halle fanden Konzerte und Dichterlesungen statt, wurden Feste und Gottesdienste gefeiert – sogar eine *Orgel* wurde eingebaut. Beeindruckend ist die kostbare *Ausstattung*, ein Ambiente voll dunkler, gedämpfter Pracht. Man sieht Marmorsäulen, mit reichen Schnitzereien verzierte Holzdecken und Wandverkleidungen, Intarsienarbeiten, Glasmalereien und erlesenes, raffiniertes Mobiliar, das Gaudí speziell für dieses Gebäude entwarf.

Der Palau Güell zeigt bereits Gaudís vielfältiges ornamentales Repertoire. Der große Baukünstler hatte damals die Kunst der Mauren und der Gotik für sich entdeckt und besaß die Gabe, diese zu einem unverwechselbaren Stil umzuformen. Dem entspricht auch die märchenhaft anmutende *Dachterrasse:* in der Mitte die 15 m hohe Kuppel des Salons, umringt von 18 bizarren Kaminen und Lüftungsschächten, die mit bunten Kachelbruchstücken verziert sind.

Audio-Feature
Gran Teatre del Liceu
QR-Code scannen [s.S.5]
oder dem Link folgen:
www.adac.de/rf0831

Reise-Video
Plaça Reial
QR-Code scannen [s.S.5]
oder dem Link folgen:
www.adac.de/rf0105

Die Rambles bilden eine beeindruckende Zäsur im engen Häusergewirr der Altstadt

22 Rambla de Santa Mònica

Museu de Cera

Kunstwerke der katalanischen Moderne und eines der besten Wachsfigurenkabinette Europas.

Metro L3: Drassanes

Das Kunstzentrum **Arts Santa Mònica** (La Rambla 7, Tel. 933 16 28 10, www.artssantamonica.cat, Di–So 11–21 Uhr) war zuerst ein Konventsgebäude der Barfüßigen Augustiner und später das Kloster Santa Mònica. Die Umgestaltung durch die Architekten *Helio Piñón* und *Albert Viaplana* verwandelte es in ein Paradebeispiel des abstrakten Minimalismus. Das große Bullauge der direkt anschließenden Kirche Santa Mònica zieht die Blicke auf sich. Eine Rampe führt in das Kunstzentrum hinauf, das jährlich rund 20 Ausstellungen

Wie aus dem Leben gegriffen: Salvador Dalì als Wachsfigur im Museu de Cera

zeigt. Präsentiert wird internationale und nationale, moderne und zeitgenössische Kunst. Außerdem gibt es im Haus eine kleine, aber feine Buchhandlung.

Die **Casa March de Reus** (Rambla de Santa Mònica 8) war eines der ersten Gebäude, die nach dem Abbruch des letzten Stadtmauerstücks 1775 errichtet wurden. Bauherr war ein reicher Kaufmann aus Reus. Der Architekt *Joan Soler i Faneca* entwarf 1776 ein Gebäude über quadratischem Grundriss mit zentralem Innenhof und einem Garten hinter dem Haus. Bemerkenswert ist die Schlichtheit der streng komponierten klassizistischen *Fassade*, sie erinnert an den Palau Moja [s. S. 39]. Das Relief in der Kartusche über dem Mittelfenster des Obergeschosses präsentiert einige Objekte und Symbole, die auf an den Südamerikahandel anspielen. Heute ist das Gebäude Sitz des katalanischen Kulturministeriums.

Nahe der Casa March de Reus zweigt eine kleine Gasse von der Rambla nach Osten ab, kenntlich an dem kleinen, von vier grazilen Mädchenfiguren getragenen gusseisernen *Brunnen*. In der Gasse steht ein schmuckes Gebäude aus der Mitte des 19. Jh. mit schöner, zum Teil noch originaler Ausstattung. 1867 ließ es die Bank Compañía General de Crédito al Comercio errichten.

Hier ist heute das Wachsfigurenkabinett **Museu de Cera** (Passatge de la Banca 5–7, Tel. 933 17 26 49, www.museocerabcn.com, Juli–Sept. tgl. 10–22, Okt.–Juni Mo–Fr 10–13.30 und 16–19.30, Sa/So 11–14 und 16.30–20.30 Uhr) eingerichtet, das zu den besten Europas zählt. Auf drei Stockwerken sind über 300 Wachsfiguren mittels modernster Technik naturalistisch in Szene gesetzt. Der Rundgang ist historisch aufgebaut, und den Auftakt bildet eine Geschichte des Aberglaubens, die angenehm gruselig dargeboten wird: antike Mysterien, mittelalterliche Hexen, schwarze Messen und Folterkammern. Dem folgen zur Beruhigung berühmte Persönlichkeiten aus Politik, Kunst, Geschichte und Wissenschaft. Doch niemals Langeweile kommt nicht auf, denn alsbald folgen berühmte, täuschend ähnlich nachgestellte Filmszenen, allen voran natürlich Marilyn Monroe mit ihrem wehenden Rock über dem U-Bahnschacht.

23 Monument a Colom

TOP TIPP

Ein ›Monument der gemischten Gefühle‹, sollte doch die Entdeckung Amerikas und die Verlagerung der wichtigen Seewege einen schweren wirtschaftlichen Rückschlag für die katalanische Hafenstadt bedeuten.

Tel. 933 02 52 24
Juni–Sept. tgl. 9–20.30 Uhr,
Okt.–Mai tgl. 10–18.30 Uhr
Metro L3: Drassanes

Die Rambla mündet zum Meer hin in die *Plaça del Portal de la Pau*. In der Mitte dieses Platzes ragt das Monument a Colom, die Kolumbussäule, 60 m hoch auf. *Gaietà Buïgas* schuf das Wahrzeichen für die erste Weltausstellung in Barcelona 1888 als Erinnerung daran, dass Kolumbus bei der Rückkehr von seiner ersten Amerikareise hier von den Katholischen Königen Fernando und Isabel empfangen wurde. Interessant sind die *Bronzereliefs* der Sockelzone, auf denen die Entdeckung der Neuen Welt dargestellt ist. Per Aufzug gelangt man zur *Aussichtsplattform* am Ende des Säulenschafts mit herrlichen Ausblicken auf Barcelona. Die bronzene *Kolumbusfigur* auf der Spitze ist 7 m groß. Der Entdecker weist mit erhobenem rechten Arm und herrisch gespitztem Zeigefinger aufs Meer hinaus.

Die rund 500 m weiter westlich an der Plaça Armada startende Seilbahn **Transbordador Aeri** [s. S. 128] gibt es seit 1931. Mit ihr gelangt man bis zur Spitze von La Barceloneta. Ihre Mittelstation ist der Turm Sant Jaume im Hafen. Er ist 107 m hoch und bietet von seiner Aussichtsetage ebenfalls einen guten Blick auf Hafen, Stadt und Montjuïc.

24 Museu Marítim

Die besterhaltene und größte mittelalterliche Werft Europas beherbergt heute ein Schifffahrtsmuseum.

Avinguda de les Drassanes 1
Tel. 933 42 99 20
www.mmb.cat
Ständige Sammlung wegen Umbau bis 2013 geschlossen
Sonderausstellungen tgl. 10–19.30 Uhr
Metro L3: Drassanes

Die mittelalterliche Werft Drassanes Reials beherbergt heute das Museu Marítim

Vom 13. bis zum 18. Jh. wurden in den Drassanes Reials die katalanischen Kriegs- und Handelsschiffe gebaut und repariert. Als Pere III. el Grande (reg. 1276–85) den Bau der *Königlichen Werft* anordnete, war Barcelona schon fast auf dem Höhepunkt seiner Seeherrschaft. 1381 bestand die Werft aus einer achtschiffigen überwölbten Halle, in der 30 Galeeren gleichzeitig gebaut werden konnten. Im 16./17. Jh. kamen weitere Säle hinzu. Im 18. Jh. wurden die beiden mittleren Hallen zu einem großen Hauptschiff verbunden. 1663 hatte die Spanische Krone die Werft übernommen, ab 1792 bis ins 20. Jh. nutzte die Artillerie die Drassanes als Kaserne.

Seit 1936 ist hier das Museu Marítim ansässig. Die Geschichte der Seefahrt, die Entwicklung von der Segel- zur Dampfschifffahrt, der Handel, die Entdeckungen und Seeschlachten werden anschaulich dargestellt. In den Hallen sind Fischerboote aus aller Welt, Modelle sowie Seekarten und nautische Instrumente zu sehen. Einer der Höhepunkte ist das Admiralsschiff von *Don Juan d'Austria*. Es wurde anlässlich des 400. Jahrestages der Seeschlacht von Lepanto (7. Oktober 1571) originalgetreu rekonstruiert. Das damals mitgeführte Kruzifix soll den Sieg gebracht haben und wird heute als *Cristo de Lepanto* [s. S. 24] in der Catedral verehrt.

Auch das **Museumsschiff Santa Eulàlia** (Mai–Okt. tgl. 12–19.30, Nov.–April tgl. 10–17.30 Uhr) ist einen Besuch wert. Der Dreimastschoner (1918) liegt in der Nähe, an der Moll de la Fusta im Port Vell.

Blick vom Miramar-Lokal auf dem Montjuïc: Kolumbussäule, Hafen und Olympisches Dorf

Barri La Ribera – ein Viertel voll Charme und Lebensfreude

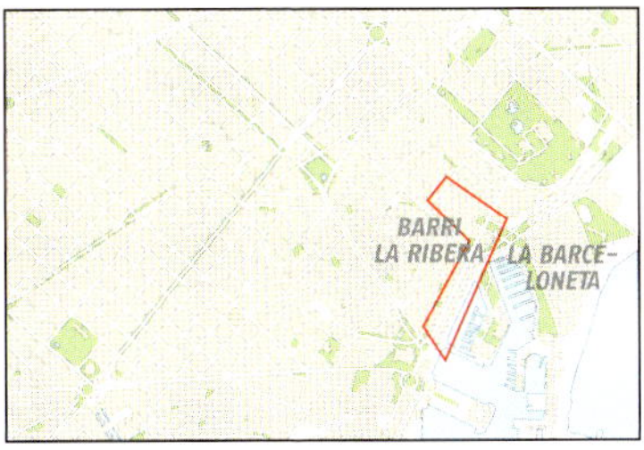

Im 10. Jh. entstanden entlang der vier Hauptstraßen, die seit der Antike aus Barcelona hinausführten, unbefestigte Vorstädte, die Vilanovas. Am alten Handelsweg nach Rom, in Vilar de Sant Pere und La Bòria, lebten Händler und Kaufleute. An der Straße zum Meer entstand Vilanova del Mar, eine Siedlung von Fischern und Matrosen. Der neu angelegte **Carrer Montcada** verband diese beiden Vorstädte. Das so gewachsene Viertel, erst im 14. Jh. in die Stadtbefestigung einbezogen, wurde bald zum Energiezentrum der katalanischen Wirtschaftsexpansion im Mittelmeerraum. Die Kirche **Santa Maria del Mar** ist ein bedeutendes Wahrzeichen für das Selbstbewusstsein und den Wohlstand der Kaufmänner und Seefahrer Barcelonas jener Zeit.

Die **Plaça del Àngel**, im 10. Jh. noch ein Feld vor den Toren der Stadt, ist längst Kreuzungspunkt von drei wichtigen Straßen – der Via Laietana, dem Carrer de la Princesa und dem **Carrer de la Argenteria**. Von den Straßencafés aus betrachten Barceloner und Besucher in aller Ruhe das hektische Verkehrsgetriebe. Der Carrer de la Argenteria war die Straße der Schwert-, Lanzen- und Degenschmiede, später kamen die Silberschmiede hinzu. Noch um 1850 galt er als die im wahrsten Sinne des Wortes glanzvollste Straße der Stadt. Der **Passeig del Born** war Schauplatz von Stadtfesten, Turnieren und Jahrmärkten. 1714 wurde auf Geheiß Philipps V. seine östliche Hälfte für den Bau der Zitadelle abgerissen.

Mit der Verlegung der großen Schifffahrtsrouten in den Atlantik verlor Barcelonas Hafen an Bedeutung. Bei ständig dichter werdender Bebauung kam das Hafenviertel immer mehr herunter. Erst Ende des 20. Jh. öffnete sich das Barri La Ribera wieder zum Meer hin und putzte sich heraus.

25 Santa Maria del Mar

TOP TIPP

Ein architektonisches Juwel der katalanischen Gotik in herber Strenge und Klarheit.

Plaça Santa Maria del Mar
Mo–Sa 9–13.30 und 16.30–20,
So 10–13.30 und 16.30–20 Uhr
Metro L4: Jaume I

Der Legende nach war der Bauplatz der Kirche Santa Maria del Mar schon seit dem frühen Christentum von besonderer Bedeutung. An dieser Stelle soll der Apostel Jakobus d. Ä. gepredigt haben, dessen Grab seit dem 9. Jh. in Santiago de Compostela verehrt wird. Sein Besuch war der Anlass für den Bau einer ersten kleinen Kapelle. Um 304 wurde der Leichnam der hl. Eulalia hier bestattet. Anfang des 8. Jh. versteckten Gläubige die Gebeine der Heiligen aus Furcht vor den Mauren dann so gut, dass man sie erst 150 Jahre später wiederentdeckte und 1339 in die Kathedrale überführte. 1329 wurde der Grundstein zur heutigen, gotischen Kirche gelegt. Nach einer Bauzeit von 55 Jahren wurde sie schließlich 1384 geweiht.

Santa Maria del Mar wurde als einzige gotische Kirche in Barcelona tatsächlich ganz fertiggestellt. Alle in La Ribera vertretenen Zünfte beteiligten sich am Bau. Die Lastenträger, die Bastaixos und Macips de Capçana, taten sich durch ihre kostenlosen und unermüdlichen Dienste hervor. Ihr Einsatz wird auf einer kleinen

Nüchterne Pracht: Die Fassade von Santa Maria del Mar offenbart die Strenge der katalanischen Gotik

Lichtdurchflutet zeigen sich Hauptschiff und Chor der Kirche Santa Maria del Mar

Bronzetafel im Hauptportal und zwei schönen marmornen Reliefplatten neben den Altarstufen lobend erwähnt. Im Spanischen Erbfolgekrieg wurde die Kirche 1714 vom französisch-spanischen Heer bombardiert. Die Folge waren zerstörte Gewölberippen und Schlusssteine, die, nur notdürftig mit Gips restauriert, bei dem Kirchenbrand 1936 erneut herunterbrachen und eine umfangreiche Restaurierung nach sich zogen.

Santa Maria del Mar ist im Grunde ein politischer Bau. Nach dem Willen der Stadtväter sollte er für die gloriose Seeherrschaft Kataloniens stehen. Denn Alfons III. el Benigno (reg. 1327–36) legte den Grundstein für das Gotteshaus unmittelbar nach der Eroberung der Insel Sardinien, welche den 1229 mit Mallorca begonnenen Erwerb mittelmeerischer Besitzungen Kataloniens abrundete.

Mit der Kirche gelang Baumeister Berenguer de Montagut ein Juwel der katalanischen Gotik. Ihr **Äußeres** besitzt die typisch nüchterne Strenge dieses Stils: großflächige, nackte Ziegelmauern, unterbrochen nur von zwei schmalen, umlaufenden Gesimsen, die Öffnungen treten gegenüber der Wand zurück. Hohe kräftige *Strebepfeiler* gliedern die Fassade in drei Abschnitte, die den Schiffen im Inneren entsprechen. Die flankierenden, schlanken, achteckigen *Türme* schließen ohne Turmhelme oben gerade ab. Bemerkenswert ist das *Trichterportal* mit dem thronenden Christus im Tympanon. Zu seinen Seiten knien Maria und Johannes (Deesis). Unter Baldachinen an den Ecken sind Petrus und Paulus dargestellt. Die übrigen Portalskulpturen fielen dem Brand von 1936 zum Opfer.

Im **Inneren** der Kirche öffnet sich ein weiter, hoher Hallenraum, durchflutet von gedämpftem, farbigen Licht. Ähnlich wie am Außenbau wird wieder die Wand betont, die wie eine ausgespannte Fläche wirkt. Neuartig ist das Bemühen, die Gewölbelasten zu bündeln und an wenigen markanten Punkten abzuleiten. Das *Hauptschiff* besitzt nur vier schlanke, oktogonale Pfeilerpaare, das fünfte verschmilzt bereits mit der Wand. Eine weitere Besonderheit sind die zwischen den nach innen gezogenen Strebepfeilern eingefügten Kapellen, die den ganzen Kirchenraum umkränzen und so einen Umgang unter hohen, schmalen Spitzbögen bilden. Die Gewölbe der Kirchenschiffe überspannen eine lichte Weite von 13 m, für damalige Verhältnisse extreme Maße. Architektonischer Höhepunkt ist der filigrane *Pfeilerkranz* um die Apsis, der in ein siebenteiliges Gewölbe mit weit herabgezogenen Segeln übergeht. Die harmonische Stimmigkeit dieses hohen und weiten Raumes ist unleugbar Zeugnis für ein einheitliches und souveränes Baukonzept.

Von der ursprünglichen Ausstattung ist nach den Zerstörungen 1936 nur wenig erhalten. Gleiches gilt für die Glasmalereien. Die *Fensterrose*, in deren Zentrum die ›Marienkrönung‹ steht, ist eine Rekonstruktion des Originals von 1478. Unversehrt blieben einzig die beiden *Fenster* auf der Evangelienseite mit Darstellungen der ›Himmelfahrt‹ und der ›Fußwaschung‹ sowie einige in der Apsis mit geometrischen Motiven. Die acht Fenster im Mittelschiff stammen aus dem 19. Jh. Die *Schlusssteine* am Mittelschiffgewölbe sind restauriert und wieder farbig bemalt.

Audio-Feature Santa Maria del Mar
QR-Code scannen [s. S. 5] oder dem Link folgen: www.adac.de/rf0830

26 Carrer Montcada

Die Prachtstraße des mittelalterlichen Barcelona ist von den vornehmsten gotischen Palästen gesäumt.

Metro L4: Jaume I

Der autofreie Carrer Montcada, die Verbindung zwischen dem Carrer de la Princesa und dem Passeig del Born, ist eine der belebtesten Straßen im Barri La Ribera. Hier reihen sich Tapas-Bars, Souvenirläden und hochkarätige **Museen** aneinander. Vor allem aber präsentiert sich der Straßenzug als eines der geschlossensten Architekturensembles in Barcelona. Hier trifft man auf Beispiele mittelalterlicher Zivilarchitektur, wie sie sich an keiner anderen Stelle der Stadt in vergleichbarer Qualität erhalten hat.

Der Carrer wurde als Verbindung zwischen den beiden Stadtvierteln Barri Comercial und Barri Marítim angelegt. Breiter und gerader als die Gassen der Altstadt, avancierte er rasch zur vornehmsten Straße, an der sich vor allem Patrizier niederließen. Hier wurden vom 13. bis zum 16. Jh. prächtige **Adelspalais** errichtet, in denen sich das gesellschaftliche Leben abspielte. Nachdem im 19. Jh. im Zuge der Stadterweiterung manche der Paläste zu Mietshäusern umfunktioniert worden waren, erklärte man den Carrer Montcada 1947 zum ›Nationalen Monument‹ und begann 1953, architektonisch interessante Gebäude als Museen oder kulturelle Einrichtungen zu nutzen.

Geht man von der Plaça Montcada in die gleichnamige Straße, zweigt zur Rechten eine extrem schmale Gasse ab, der *Carrer de les Mosques*. Er ist durch ein Gitter verschließbar. Etwa in der Mitte geht von ihm eine zweite Gasse ab, der *Carrer Seca*. Wie der Name besagt, steht hier die alte **Münze**. Deren Haupteingang befindet sich im Carrer de Flassaders 40, kenntlich an dem üppigen Giebel mit dem Bourbonenwappen darüber. Noch bis ins Jahr 1836 hinein wurden hier Peseten mit der Aufschrift ›Principado de Catalunya‹ geprägt.

27 Palau Cervelló-Giudice

Moderne Kunst in einem gotischen Palast.

Carrer Montcada 25
Metro L4: Jaume I

Der Palau Cervelló-Giudice wurde im 15. Jh. errichtet und später im Geschmack der Renaissance verändert. Seine **Fassade** besteht aus ungewöhnlich großen Steinen, die besser bearbeitet waren als damals in Barcelona üblich. Im Ganzen entspricht der Bau dem Typus des gotisch-katalanischen Palastes: ein *Rundbogenportal*, eingefasst von großen Keilsteinen, hohe *Triforienfenster* auf schlanken Säulen und eine hölzerne *Galerie* zum Schutz vor Sonne und Staub als oberer Abschluss. Die Fenster des Hauptgeschosses wurden im 17. Jh. zu Balkonen

Bei einem abendlichen Spaziergang im Carrer Montcada locken Tapas-Bars zum Verweilen

Durch den Innenhof des gotischen Palau Cervelló-Giudice gelangt man in die Galería Maeght

umstrukturiert. Im nur während der Galerieöffnungszeiten zugänglichen *Innenhof* befinden sich rechts die charakteristische überdachte Treppe und darunter ein Ziehbrunnen. Heute beherbergt der Palau die **Galería Maeght** (Tel. 933 10 42 45, www.maeght.com, Di–Fr 10–14 und 16–19, Sa 10–14 Uhr), eine Dependance des bekannten Pariser Unternehmens. Im Rahmen von Wechselausstellungen wird hier hochkarätige Kunst des 20./21. Jh. aus aller Welt vorgeführt.

28 Palau Dalmases

Der Treppenaufgang birgt eines der wenigen Renaissance-Kleinodien Barcelonas.

Carrer Montcada 20
Metro L4: Jaume I

Die Gestalt des Palau Dalmases ist das Ergebnis einer grundlegenden Restaurierung um die Mitte des 17. Jh. Von dem ursprünglich gotischen Palast sind nur mehr wenige Reste erhalten. Unbedingt sehenswert ist der *Innenhof* mit seiner Treppe, die ein Meisterwerk der in Barcelona nur spärlich vertretenen Renaissance ist. Das reich verzierte Treppengeländer weist drei gedrehte Säulen auf, von Weinlaub umrankt, in dem Putti und Vögel spielen. Das Dekor bringt heitere, arkadisch-antikische Klänge in die strenge und düstere gotische Umgebung. Im unteren Abschnitt ist ein *Tritonenzug* dargestellt. Der Meeresgott sitzt in flatterndem Mantel in seinem Muschelwagen, der von zwei Seepferdchen gezogen wird. Ihn begleiten eine muschelhornblasende Nereide und sechs geflügelte *Amoretten*, eine als Reiter, eine fliegt über dem Wagen, zwei sitzen darin und zwei schwimmen im Wasser. Dem Künstler gelang es, durch raffinierte Vor- und Rückwendungen seiner Figuren den unmittelbaren Eindruck eines Geschehens zu vermitteln. Der Tritonenzug stürmt geradezu durch die aufrauschenden Wellen dahin. Im oberen Abschnitt des Geländers ist die Geschichte der *Entführung Europas* dargestellt. Diese Komposition wirkt ruhig und ausgeglichen, die Titelgestalt ist von lagernden und sitzenden Amoretten umgeben. Zwischen den beiden Szenen, unter den Säulen, sind Reliefs mit Musikanten eingeschoben. Hervorragend gestaltet ist die *Lautenspielerin* am Beginn der Treppe. Ihre energiegeladene, gespannte Körperhaltung und ihr stolzer, konzentrierter Gesichtsausdruck könnten einer Flamencotänzerin gehören. Wunderbar herausgearbeitet sind die feinen Gesichtszüge und die üppigen Ohrgehänge. Zum Verweilen locken im Palau die nette Bar **Espai Barroc** (Tel. 933 10 06 73, Di–Sa 20–2, So 18–22 Uhr) und die **Galeria Montcada** (Tel. 932 68 00 14, www.galeria montcada.com, Di–Sa 15–20 Uhr, Sa 11–14 Uhr), welche Ausstellungen zur Kunst der Gegenwart bietet.

29 Museu Barbier-Mueller d'Art Precolombí

Faszinierende Werke präkolumbischer Kunst in einem gotischen Stadtpalast.

Carrer Montcada 14
Tel. 933 10 45 16
www.barbier-mueller.ch
Di–Fr 11–19, Sa/So 11–20, Fei 11–15 Uhr
Metro L4: Jaume I

Der **Palau Nadal** entspricht dem gotischen Palasttypus mit seitlichem Turm und hölzernem Altan als oberem Abschluss. In der Renaissance wurde er teilweise umgestaltet. Die Portaleinfassung in toskanischer Ordnung stammt aus dem Klassizismus. Bemerkenswert an den Fensterrahmen des Erdgeschosses sind die steinernen Köpfe eines alten Mannes und einer jungen Frau.

In seinem *Inneren* zeigt das Museu Barbier-Mueller d'Art Precolombí Meisterwerke präkolumbischer Kunst, darunter Skulpturen, Keramik, Stoffe und rituelle Objekte, die seit dem 15. Jh. aus der Neuen Welt nach Spanien verschifft wurden. Die Sammlung wird in Form von Wechselausstellungen präsentiert.

30 Disseny Hub Barcelona

Designausstellungen im gotischen Palau dels Marqués de Llió.

Carrer Montcada 12
Tel. 932 56 23 00
www.dhub-bcn.cat
Di–Fr 11–19, Sa/So 11–20 Uhr
Metro L4: Jaume I

Disseny Hub Barcelona (DHUB) ist eine Initiative des Institut de Cultura de Barcelona, dessen Aufgabe es ist, Design in allen seinen Facetten – Produktdesign, Architektur, visuelle Kommunikation oder Mode – einem breiten Publikum vorzustellen Das neue DHUB-Gebäude an der Plaça de les Glòries Catalanes wird etwa 2014 fertiggestellt sein. Bis dahin bleibt der **Palau dels Marqués de Llió** einer der Schauplätze für die interessanten Wechselausstellungen. Er ist einer der größten Palais im Carrer Montcada, dessen Architektur allein schon genauere Betrachtung lohnt: Seine zur Straße hin abweisend strenge *Fassade* ist ein weiteres Beispiel für die Bauweise des 14. Jh.: links an der Seite ein quadratischer *Turm*, der erste Stock wie immer besonders betont und als oberer Abschluss ein hölzerner *Altan*. Die quadratischen Fenster im Erdgeschoss mit Skulpturenschmuck stammen aus dem 16. Jh. Besonders schön gearbeitet sind die beiden Köpfe, einen Mann und eine Frau darstellend, am Fenster nächst dem Eingang.

Geht man durch das Portal, so öffnet sich ein überraschend großzügiger *Innenhof*, in dem ein Café zum Verweilen einlädt. Die Vorhalle gegenüber dem Eingang stammt aus dem 17. Jh., die Büs-

Die Ausstellungen im Disseny Hub Barcelona haben auch Modefotografie zum Thema

Die Sammlung des Museu Picasso begeistert mit Werken der klassischen Moderne

tenreliefs der spätgotischen Fensterrahmen darüber zeigen deutlich den Einfluss der Renaissance.

Im ersten Raum des Erdgeschosses bietet sich eine der seltenen Gelegenheiten, einen Eindruck von den wuchtigen, gemauerten *Gewölben* zu bekommen, die den gotischen Palast tragen. Die Bandrippen liegen in der Mitte des Raumes auf einer freistehenden Rundstütze. Durch den Innenhof und über die Freitreppe, die in einem barocken Portal endet, gelangt man in den Ausstellungsbereich im Obergeschoss. Zwei der Räume (9 und 13) besitzen originale *Holzdecken* mit geschnitzten und bemalten Balken.

31 Museu Picasso

TOP TIPP

Das Museum in einigen alten Patrizierpalais ist dem grandiosen Schaffen Pablo Picassos gewidmet.

Carrer Montcada 15–23
Tel. 932 56 30 00
www.museupicasso.bcn.es
Di–So 10–20 Uhr
Metro L4: Jaume I

Das Museu Picasso zieht Kunstfreunde aus aller Welt geradezu magisch an. Die Zeit in den meist langen Warteschlangen vor dem Eingang kann man gut für eine kleine Architekturstudie nutzen: Seit 1963 ist die bedeutende Kollektion in mehreren historischen Palais untergebracht, baulich besonders interessant ist die **Casa Berenguer d'Aguilar**, einst Residenz der Familie Berenguer. Zwar sind an diesem Palais noch Spuren des 13./14. Jh. zu entdecken, doch geht es in seiner heutigen Form größtenteils auf die Umgestaltung unter Joan Berenguer d'Aguilar im 15. Jh. zurück. Weitere Modernisierungen fanden im 16. und 18. Jh. statt. Beachtenswert sind die reich skulptierten *Fensterrahmen* des Erdgeschosses, von denen besonders die beiden rechts einen Blick wert sind. Hier gibt es männliche und weibliche Kentauren, kämpfende Rosse, Amoretten und einen die Gaità spielenden Mann. Der *Innenhof* mit seinen schlanken Spitzbogenarkaden erinnert an den gotischen Patio des Palau de la Generalitat [Nr. 6], und möglicherweise war dessen Baumeister *Marc Safont* auch an der Casa Berenguer d'Aguilar beteiligt.

Das Museu Picasso, das man durch den Patio betritt, birgt zahlreiche Meisterwerke des spanischen Malers, Grafikers und Bildhauers *Pablo Picasso* (1881–1973). Den Grundstock der Sammlung bildete die Schenkung seines Freundes *Jaume Sabarté*, dem ein Großteil der grafischen Blätter gehörte. Picasso selbst vermachte dem Museum 1968 die Serie *Las Meniñas* und 1970 eine bedeutende Partie von Jugendwerken. Dieser Bestand wurde weiter ergänzt, 1982 etwa durch 41 Keramik-Arbeiten Picassos, ein Geschenk seiner zweiten Frau Jacqueline Rocque.

Der Schwerpunkt des Bestandes liegt auf dem Frühwerk. Man sieht Porträts seiner Eltern und seiner Schwester sowie vielfältige Studienblätter. Mit der großen Komposition *Ciencia y Caridad* (1897), einer Szene am Krankenbett einer Frau, nahm Pablo Picasso als Sechzehnjähriger an der Exposición Nacional de Bellas Artes in Madrid teil. Die Übersiedlung nach Paris 1904 markiert den Beginn der Blauen Periode. Sie ist vertreten durch Werke wie *Das kranke Kind* und *El Loco*, das auf eine Beschäftigung Picassos mit El Greco schließen lässt.

Zu den bekanntesten Exponaten des Museums zählen der *Arlequi* (1917) und die Variationen zu Velázquez *Las Meniñas* (1957). Ein Picasso immer wieder fesselndes Thema war auch der Stierkampf, wie die grafische Serie *Tauromaquia* (1957) eindrucksvoll beleuchtet. Sie schildert Szenen aus der Arena von Arles, in der Picasso häufig als Zuschauer weilte. Die 26 Blätter sind in Ausdruck und Stil zwischen Don Quijote und kretischer Stierkunst angesiedelt, kompositorisch begeistern sie durch die Spannung zwischen weißer Fläche und schwarzer, minimalistisch-dynamischer Figuration.

Ein weiteres Highlight des Museums ist der lichtdurchflutete Saal, in dem farbenfrohe Fensterbilder mit Tauben wie *Els Colomils* von 1957 die Kulisse bilden für Vitrinen mit den liebevoll und lustig bemalten *Schalen, Schüsseln* und *Vasen* von der Hand des unvergleichlichen Picasso.

Reise-Video Picasso-Museum
QR-Code scannen [s.S.5]
oder dem Link folgen:
www.adac.de/rf0100

32 Basilica de la Mercè

Die ›Muttergottes des Erbarmens‹ ist eine der Stadtheiligen Barcelonas.

Plaça de la Mercè 1
Tel. 933 15 27 56
Metro L3: Drassanes

Die Figur der *Jungfrau de la Mercè* mit wehendem Gewand auf der Kuppel der Kirche ist eines der Wahrzeichen der Stadt. 1267 wurde an der Stelle, wo heute die Basilica de la Mercè steht, die Mutterkirche des Ordens der Mercedarier geweiht. Dieser hatte es sich zur Aufgabe gemacht, versklavte Christen zu befreien. Die gotische Kirche aus dem frühen 15. Jh. wurde 1639–42 von den Gebrüdern Santcana um eine barocke Klosteranlage erweitert. Im 18. Jh. schuf *Josep Mas* einen Neubau im Sinne der römischen Gegenreformation, eng verwandt mit der Kirche Església de Belén [s. S. 39] an den Rambles. Die spätbarocke geschwungene **Fassade** wurde von *Carles Grau* gestaltet. An der linken Seitenfassade zum Carrer Ample findet sich ein gotisches *Portal* von 1519, das von der Kirche Sant Miquel stammt.

Im **Inneren** beeindruckt ein reich geschmückter barocker Raum, tonnengewölbt und mit Kuppel über der Vierung. Da die Kirche 1936 stark beschädigt wurde, ist von der Ausstattung nur wenig erhalten. Das hoheitsvolle *Gnadenbild* über dem Hochaltar, dem zu Ehren jedes Jahr die *Festa de la Mercè* [s. S. 28] gefeiert wird, schnitzte Pere Moragues 1361. Bei festlichen Anlässen wird die Muttergottes in kostbare Gewänder gehüllt. Das Jesuskind ist eine Arbeit aus dem 15. Jh.

Das **Kloster** rechts neben der Kirche besitzt einen schönen Kreuzgang des 17. Jh., der mit Marmor und farbig bemalten Fliesen dekoriert ist.

Das Gnadenbild der Jungfrau de la Mercè wird von den Barcelonern hoch verehrt

33 Port Vell

Flaniermeile am Meer mit Aquarium, Einkaufszentrum und Museum zur Geschichte Kataloniens.

Metro L3: Drassanes

Der Alte Hafen, Port Vell, in dem Segelboote und Luxusjachten schaukeln und an dessen Ufern Restaurants zum Verweilen einladen, ist Aushängeschild des neuen, dem Meer zugewandten Barcelona. Früher war das anders: Zwar besaß die Stadt bis 1878 eine Uferpromenade, doch der ›Plan Cerdà‹ [s. S. 75] zur Stadterweiterung im 19. Jh. brachte eine Verlagerung des vornehmen Lebens in die breiten Straßen der Eixample. Schließlich hielt die Industrialisierung Einzug in den Hafen und führte zu einer Sperrung des Uferbereichs für die Öffentlichkeit. Eine verkehrsreiche Altstadtumfahrung entlang der Küste schnitt das urbane Leben schließlich vollständig vom Meer ab. Erst die Olympiade 1992 forcierte das Bemühen, die durch Straßen und Industrieanlagen völlig verbaute Meerseite für die Barceloner wiederzugewinnen. Die Lösung des Architekten *Manuel de Solà-Morales* ist raumgreifend und großzügig. Er gliederte das Areal in drei Zonen: Straße, erhöhte Promenade und unmittelba-

Moll de la Fusta – Barcelonas von Palmen gesäumte Promenade am Meer

Die Fußgängerbrücke Rambla de Mar verbindet die Moll de la Fusta mit der Moll d'Espanya

re Uferzone. Zum Spaziergang lädt eine breite Flaniermeile ein, die von Palmen gesäumt wird. Wahrzeichen der **Moll de la Fusta**, einer einstigen Holzdeponie, sind zwei leuchtend rote Ziehbrücken, die über Rampen Meeres- und Aussichtsebene miteinander verbinden, sowie die Skulptur *Barcelona Head* (1992) von Roy Liechtenstein.

Die moderne Fußgängerbrücke Rambla de Mar verbindet die Moll de la Fusta mit der **Moll d'Espanya**, auf der sich das Einkaufszentrum *Maremagnum* (www.maremagnum.es) mit Boutiquen, Restaurants und Kinos befindet. Ein Highlight ist das imposante **Aquàrium** (Tel. 932 21 74 74, www.aquariumbcn.com, Juli und Aug. tgl. 9.30–23, Juni, Sept. tgl. 9.30–21.30, Okt.–Mai tgl. 9.30–21 Uhr), in dessen Becken sich Hunderte von exotischen Fischen und Meeresäugern tummeln. Das große *Oceanari* kann man sogar mittels eines Glastunnels durchqueren und dabei die Unterwasserwelt studieren

Wer sich für die Geschichte Kataloniens interessiert, sollte dem **Museu d'Història de Catalunya** (Plaça de Pau Vila 3, Tel. 932 25 47 00, www.mhcat.net, Di–Sa 10–19, Mi 10–20, So 10–14.30 Uhr) einen Besuch abstatten. Es ist in einem 1901 errichteten Lagerhaus untergebracht, das *Palau de Mar*, Palast des Meeres, genannt wurde. Die umfangreiche Sammlung dokumentiert anhand von Kunstwerken, Objekten, Fotos, Landkarten und Modellen die Geschichte Kataloniens von der Steinzeit bis in die Gegenwart. Unterhaltsam und lehrreich zugleich sind auch die interaktiven Stationen, an denen man z. B. Mehl mahlen oder eine Ritterrüstung anprobieren kann.

Tapas-Lokale am Hafen Barcelonas sind die ideale Adresse für eine kurze Mittagspause

Von den Rambles zur Zitadelle und nach La Barceloneta – Kontraste am Rande der Altstadt

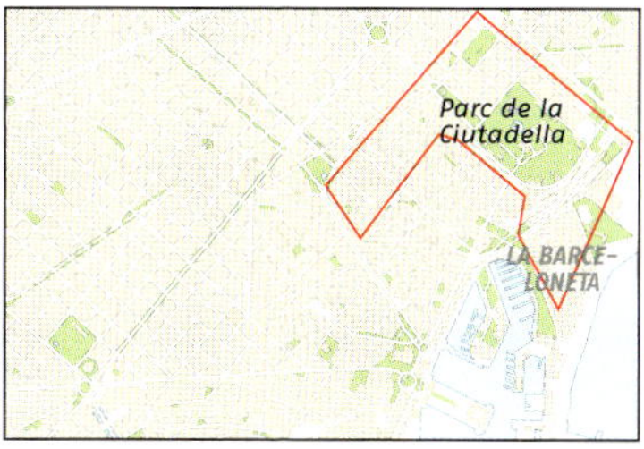

Etwas abseits der beliebten Flaniergassen des Barri Gòtic und des westlich angrenzenden Viertels La Ribera führt ein abwechslungsreicher Spaziergang zu einigen verträumten Plätzen, zu Meisterwerken des Modernisme und zu exquisiten Museen. Ein lebhaftes Kontrastprogramm bietet der stets von Flaneuren bevölkerte Passeig de Lluís Companys, der vom **Arc de Triomf** bis zum **Parc de la Ciutadella** führt, eine der beliebtesten Gartenanlagen Barcelonas. Eine eigene Welt eröffnet sich weiter südlich, in dem während des 18. Jh. planmäßig angelegten Fischerviertel **La Barceloneta**, das sich heute als modernes Architekturensemble präsentiert und ebenso wie die benachbarte **Vila Olímpica** mit einem schönen Sandstrand aufwartet.

34 Santa Anna

Stiller Platz mit mittelalterlichem Wegkreuz und kleiner gotischer Kirche.

Carrer Santa Anna 27
Metro L1, L3: Catalunya

Im lebendigsten Teil der Stadt, nahe der großzügig angelegten Plaça Catalunya und den stets betriebsamen Rambles, gibt es einen ruhigen Platz mit Wegkreuz, Zypressen und einem Kirchlein. Die meisten Passanten schlendern vorbei, ohne den Durchgang in der Häuserfront überhaupt wahrzunehmen. Die Kirche Santa Anna geht auf eine Gründung des Ordens vom Heiligen Grab 1141 zurück. Ein Brand zerstörte 1936 die Kuppel, die in Ziegelbauweise rekonstruiert wurde. Das schlichte *Äußere* zeigt noch gut den kreuzförmigen Bau aus dem 12. Jh. mit quadratischer Apsis und Kuppel im Zentrum. Der Eingang stammt aus dem 13. Jh. Im Laufe des 14. Jh. wurde das *Hauptschiff* erhöht, überwölbt und durch seitliche Kapellen erweitert. Im 15. Jh. kam der schöne zweistöckige *Kreuzgang* mit schlanken, vierteiligen Säulchen und dem von Bäumen umgebenen Ziehbrunnen hinzu. Außerdem entstand damals der *Kapitelsaal*, heute die kleine seitliche Kapelle, durch die man die Kirche betritt. Das Kloster war so bedeutend, dass die katholischen Könige Fernando und Isabel im Jahr 1493 in seinen Mauern einen Hoftag abhielten.

Grandioser Säulenwald – Modernisme-Balkon des Palau de la Música Catalana

35 Els Quatre Gats
Casa Martí

Top Tipp

Einstiger Künstlertreffpunkt in einem der ersten Bauwerke von Josep Puig i Cadafalch.

Carrer Montsió 3
Tel. 933 02 41 40
www.4gats.com
Metro L1, L3: Catalunya

Jeder, der sich für den Modernisme in Barcelona interessiert, hat schon von dem berühmten Lokal Els Quatre Gats gehört. Hier trafen sich seit 1897 die Künstler des aufkommenden Modernisme, besonders die Gruppe um Casas, Rusiñol und Utrillo. Die jungen Talente, unter ihnen *Pablo Picasso*, pinnten ihre neuesten Werke an die Wand, in der Hoffnung, die Aufmerksamkeit der Presse auf sich zu ziehen. Picasso illustrierte zum Zeitvertreib die Speisekarte. Ein Exemplar ist heute im Museu Picasso [Nr. 31] zu sehen. Man veranstaltete auch Konzerte, Dichterlesungen und Theateraufführungen. 1899 wurde die Zeitschrift ›Els Quatre Gats‹ ge-

Der Modernisme in Barcelona

Mit seinen geblümten, von Fantasiekapitellen bekrönten, gefliesten Säulen, pathetischen Büsten, buntem Glas und beinahe kitschiger Bauplastik ist das Konzerthaus Palau de la Música [Nr. 36] eines der besten Architekturbeispiele für den katalanischen **Modernisme** (www.rutadelmodernisme.com), der in anderen europäischen Ländern als Jugenstil, Art Nouveau oder Arts & Crafts Movement seine Ausprägung fand.

Treibende Kraft dieser Bewegung gegen Ende des 19. Jh. war ein selbstbewusstes **Bürgertum**, das durch die fortschreitende Industrialisierung überaus wohlhabend geworden war, und nun, ebenso wie der Adel in den Jahrhunderten zuvor, nach Repräsentation verlangte. Doch die üppigen neoromanischen und neogotischen Bauten des Historismus waren ebenso verpönt wie die massenhafte Fertigung von Gebrauchsgegenständen in den neuen Fabriken. Der junge Geldadel wünschte sich Schönheit, Harmonie und Natürlichkeit in allen Bereichen des Lebens.

Die Architekten im Barcelona jener Zeit fanden dafür verschiedene Formsprachen: Während sich **Josep Puig i Cadafalch** und **Lluís Domènech i Montaner** an den Bauwerken des Mittelalters orientierten, entwickelte **Antoni Gaudí i Cornet** [s. S. 87] völlig neue organisch fließende Formen. Allen gemeinsam aber ist, dass bei Baumaterialien, -techniken und der fantasievollen Dekoration im Innen- und Außenbereich typisch Katalanisches zum Einsatz kam. So gehören etwa die kunstvollen Fliesenmosaiken seit Jahrhunderten zur Handwerkstradition der Region.

Auf diese Weise trug auch die Architektur der **Renaixença** Rechnung, jenem Erstarken des katalanischen Selbstbewusstseins und Nationalgefühls, das sich Ende des 19. Jh. auch in Sprache, Literatur und Brauchtumspflege manifestierte. Der Palau de la Música Catalana hatte in diesem geistigen Klima die Bedeutung eines Palasts der Wiedergeburt Kataloniens in seiner einstigen kulturellen Größe.

gründet. Markenzeichen des Lokals war ein jetzt im Museu Nacional d'Art de Catalunya [Nr. 67] ausgestelltes Gemälde von *Ramón Casas*, das ihn selbst und Pere Romeu weiß gekleidet und tropenbehelmt auf einem Tandem zeigt.

Heute ist Els Quatre Gats zwar kein Künstlertreff mehr, doch die stilgerechte Innenausstattung und die angenehme Atmosphäre machen einen Besuch dennoch zu einem schönen Erlebnis. Auch die hohe, in die schmale Gasse eingezwängte und mit schmiedeeisernen Balkonen geschmückte **Casa Martí** (1896), in der das Lokal untergebracht ist, zieht die Blicke auf sich. Es ist das erste bedeutende Werk des Modernisme-Architekten *Josep Puig i Cadafalch*, der auch die Casa Terrades, Casa Amatller und den Palau Baró Quadras baute. Eine Schau ist nicht

Im berühmten Restaurant Els Quatre Gats aß schon Pablo Picasso zu Abend

Üppig wuchernde Jugendstildekoration im Innern des Palau de la Música Catalana

zuletzt das bewegte Hochrelief der Konsole an der Hausecke, eine Arbeit von Eusebi Arnau. Es zeigt den hl. Georg, den Landespatron Kataloniens, im Kampf mit einem furchterregenden Drachen.

36 Palau de la Música Catalana

Ausdruck katalanischer Musikbegeisterung, Tempel der katalanischen Renaixença und Gesamtkunstwerk des Modernisme.

Carrer Palau de la Música 4–6
Tel. 902 44 28 82
www.palaumusica.org
Führungen tgl. 10–15.30, Ostern und Aug. tgl. 10–18 Uhr, zur vollen Stunde auf Englisch, zur halben Stunde auf Katalanisch oder Spanisch (doch nicht während der Probenzeiten)
Metro L1, L4: Urquinaona

Auf einem kleinen, unregelmäßig geschnittenen Grundstück in der Altstadt errichtete *Lluís Domènech i Montaner* 1905–08 ein prunkvolles Konzerthaus für die 1891 gegründete katalanische Chorvereinigung ›Orfeó Català‹. Das Gebäude ist reich mit Mosaiken, Steinmetzarbeiten und buntem Glas verziert. An der Ecke Carrer Sant Pere més alt und Amadeu Vives prangt die Skulpturengruppe *Das Volkslied* von Miquel Blay. Über den üppig mit Blumenfliesen dekorierten Säulen im Obergeschoss wölben sich Balkone, sie sind geschmückt mit *Büsten* der Komponisten Beethoven, Bach und Wagner.

Im *Inneren* beeindruckt der große Saal mit seinem Bühnenhaus, dessen Rahmen theatralisch bewegte Reliefs und Skulpturen von Pau Gargallo aufweist. Aus der farbigen *Glasdecke* tropft die Hängekuppel wie ein gewaltiger Lüster herab. Die gesamte Ausstattung des Konzerthauses überwältigt, insbesondere die Üppigkeit und Dichte des Dekors, ein faszinierendes Zusammenspiel unterschiedlicher Materialien wie Glas, Keramik und Schmiedeeisen. Die Sockelplatte eines *Rundturms* am Anbau ist wie ein monumentaler Blütenboden gestaltet – ein Zitat aus der Casa Fuster [Nr. 55]. Der Turm markiert seit der aufwendigen Restaurierung den Haupteingang des Palau. Eine vorgehängte Glasfassade erweitert das Foyer und sorgt für eine grandiose Akustik.

37 Arc de Triomf

Prachtvolle Kulisse für eine der beliebtesten abendlichen Promenaden.

Metro L1: Arc de Triomf

Der ungewöhnliche Triumphbogen aus Backstein mit deutlich maurischen Einflüssen wurde 1888 von dem Architekten Josep Vilaseca als repräsentativer Auftakt für das Weltausstellungsgelände errich-

Am Arc de Triomf beginnt der bei Spaziergängern beliebte Passeig de Lluís Companys

tet. Er steht am Beginn des breiten Passeig de Lluís Companys. Die eleganten Straßenbeleuchtungen entwarf der katalanische Architekt Pere Falqués i Urpí (1850–1916). Von ihm stammt auch der Obelisk am Parkeingang. Das lang gestreckte Gebäude aus hellem Montjuïc-Gestein an der Nordseite des Boulevards ist der Justizpalast, 1887–1911 von Enric Sagnier und Domènech i Estapà erbaut.

38 Parc de l'Estació del Nord

Land Art und zwei Industriebauten des Modernisme am Nordbahnhof.

Carrer de Nàpols, Carrer Almogàvers
tgl. 10 Uhr bis zur Dämmerung
www.bcn.cat/parcsijardins
Metro L1: Arc de Triomf

Stillgelegte Bahngelände boten im Rahmen eines Stadtgestaltungsprojektes die Möglichkeit, in bis dahin vernachlässigten Stadtvierteln neue, positive Akzente zu setzen. An der Ostseite des früheren Nordbahnhofs planten die Architekten *Andreu Arriola, Carme Fiol* und *Enric Pericas* auf der Fläche von zwei Eixample-Einheiten 1987/88 eine große Grünanlage. Auf der blau schimmernden Schlangenpyramide ›Cel Caigut‹ (Herabgestürzter Himmel) aus glänzenden Fliesen, welche die amerikanische Bildhauerin *Beverly Pepper* in die Parklandschaft komponierte, klettern und rutschen Kinder herum. Im Rasen verstreute bläuliche *Keramikbruchstücke* führen zu einer trichterförmigen Absenkung, die mit konzentrischen blauen Sitzstufen versehen ist.

Der Nordbahnhof **Estació del Nord** wurde 1861 errichtet, der Mittelbau entstand jedoch erst 1910–15. Dessen Gusseisenkonstruktion hatte der Architekt *Demetri Ribes Marco* schonbeim Bau mehrerer Markthallen, Bahnhöfen und Industriebauten erprobt. Das Dekorationssystem mit seinen überweigend geometrischen Mustern enthält Stilelemente des Modernisme und der Wiener Secession.

Das einstige Elektrizitätswerk Central Catalana de l'Electricitat, heute **Hidroelèctrica de Catalunya**, steht in Sichtweite des Nordbahnhofs am Carrer Roger de Flor 52. Der Architekt *Pere Falqués i Urpí* errichtete es zwischen 1896 und 1899, und es ist ein gutes Beispiel für die Industriearchitektur jener Epoche. Roter Backstein und grün gestrichenes Gusseisen dominieren die *Fassade*. Eine Maßeinheit für die ornamentale Gestaltung ist der Ziegel. Seine plastische Gestaltung gibt dem wuchtigen Baukörper auch durch das lebhafte Spiel von Licht und Schatten eine reizvolle Wirkung. Naturstein hingegen ziert den Gebäudesockel und den monumentalen *Haupteingang* im abgeschrägten Gebäudeeck.

39 Passeig de Picasso

Ein Tàpies-Kunstwerk zu Ehren Picassos sucht sein Publikum auf der Straße.

Metro L4: Jaume I, L1: Arc de Triomf

Der Passeig de Picasso trennt das Barri La Ribera [s. S. 49] vom Parc de la Ciutadella [Nr. 40]. An der Straße änderten die Architekten *Roser Amadó* und *Lluís Domènech* nichts Grundlegendes, sie wurde lediglich verkehrsberuhigt und mit Platanen bepflanzt, an der Parkseite gibt es einen kleinen Wasserlauf und Springbrunnen. Hoch interessant ist der Boulevard heute dank seiner ›Kunst im öffentlichen Raum‹. Vor dem dunklen gewölbten Lattengerüst des *Umbracle* steht ein wasserumspülter **Glaswürfel** [s. S. 64] in einem Becken. In seinem Inneren sieht man ein Plüschsofa, durchbohrt von weißen Stahlkreuzen. Das widersprüchliche Gebilde ist Antoni Tàpies' *Hommage à Picasso*. Ein rot beschrifteter Stoffstreifen zitiert eine berühmte Sentenz Picassos von 1945: »Die Malerei ist nicht dazu da, Wohnungen zu schmücken, sie ist eine Kriegswaffe zum Angriff und zur Verteidigung gegen den Feind« und fungiert so als Manifest einer durchaus politisch engagierten Kunst.

Blickt man von hier in Richtung Altstadt, so gewahrt man die Markthalle **Mercat del Born**. Die Gusseisenkonstruktion von *Josep Fontseré* aus dem Jahr 1874 wird seit Jahren einer umfassenden Restaurierung und Umgestaltung unterzogen und soll im September 2013 wiedereröffnet werden. An dieser Stelle befand sich übrigens schon zu römischer Zeit ein Markt, die Überreste des *Antic Mercat del Born* sind im Inneren der Markthalle freigelegt worden und können zukünftig besichtigt werden.

40 Parc de la Ciutadella und Zoo de Barcelona

Einer der beliebtesten Parks mit Tiergarten und künstlicher Kaskade.

Passeig Picasso / Pujades
www.bcn.cat/parcsijardins
tgl. 10 Uhr bis zur Dämmerung
Metro L4: Barceloneta oder Ciutadella-Vila Olímpica, L1: Arc de Triomf

Der Park hat seinen Ursprung im Unabhängigkeitsstreben der Katalanen. Nachdem der erste Bourbonenkönig Spaniens, Philipp V. von Anjou, 1714 Barcelona nach langer Belagerung schließlich erobert hatte, ließ er an die 10 000 Menschen umsiedeln und das Stadtviertel **La Ribera** dem Erdboden gleichmachen. An

Kinderfreundliches Kunstwerk: die blau schimmernde Schlangenpyramide Cel Caigut

seiner Stelle errichtete Prósper de Verboom 1716–29 eine fünfeckige *Zitadelle*, umgeben von weitläufigen Freiflächen, die als Schussfeld fungierten. Die Festung, das zutiefst verhasste Symbol der Niederlage und militärischen Kontrolle der Stadt, wurde 1869 abgetragen. Von der Anlage blieben nur das **Arsenal**, heute Sitz des Katalanischen Parlaments [Nr. 41], die Kapelle und der Palast des Gouverneurs rechts daneben. 1888 fand auf dem Areal die *Weltausstellung* statt.

Bereits 1882 errichtete Antoni Rovira i Trias hier mit dem **Museu Martorell** (Tel. 932 56 22 22, www.bcn.es/museuciencies) die erste öffentliche Sammlung Barcelonas. Das lang gestreckte antikisierende Gebäude besteht aus einem Vestibül und zwei Sälen. Sein Bau wurde beschlossen, weil 1878 Francesc Martorell i Peña (1822–78) seine bedeutende naturwissenschaftliche Kollektion der Stadt vermacht hatte. Noch heute ist es eine Dependance des *Museu de Ciències Naturals* [s. Essay S. 64]

Kunstvolle Plätze und Parks

Eine Stadt sollte erlebt, nicht nur besichtigt werden. In ganz besonderem Maße gilt dies für Barcelona, die Millionenstadt auf engstem Raum. Plätze bilden Zäsuren im endlosen Straßennetz und werden zu notwendigen Sammelpunkten und Ruhezonen inmitten brausender Betriebsamkeit. Unter diesem Gesichtspunkt ließ die Stadtverwaltung von Barcelona seit 1980 etwa 60 Straßenzonen, Plätze und Parks wiederherstellen oder neu gestalten (www.bcn.cat/parcsijardins).

Ziel dieses groß angelegten Projektes war und ist es, zufällig entstandenen Freiräumen ein Gesicht zu geben, verwahrlosten Plätzen Gestalt zu verleihen, auf alten Fabrik- und Bahngeländen sowie Bauflächen neue Parks anzulegen. Bisher vernachlässigte Außenbezirke werden aufgewertet, und für die lange vom Meer abgewandte Stadt wurde eine neue Uferpromenade geschaffen.

Der Glaswürfel ›Hommage à Picasso‹ von Antoni Tàpies steht am Passeig de Picasso

Die Stadtverwaltung beauftragt im Rahmen dieses Projektes zahlreiche innovative Architekten. International bekannte **Künstler** wie Eduardo Chillida, Antoni Tàpies, Richard Serra oder Ellsworth Kelly sind mit Skulpturen und Objekten beteiligt. Die Lösungen sind so verschieden wie die Aufgabenstellungen, ihre Entdeckung ist ein spannendes Erlebnis.

Als minimalistisches Kunstwerk zeigt sich heute der Bahnhofsvorplatz **Plaça dels Països Catalans**, futuristischer Gegenpol ist das einstige Fabrikareal **Parc de l'Espanya Industrial**. Wo früher die städtischen Hauptschlachthöfe standen, schuf Joan Miró einen heiter-verspielten Skulpturenpark, Antoni Tàpies installierte am **Passeig de Picasso** einen wasserumspülten Glaswürfel. Eine blau schimmernde Schlangenpyramide aus Fliesen bildet im **Parc de l'Estació del Nord** an der Ostseite des ehem. Nordbahnhofs eine beliebte Attraktion. Zwei leuchtend rote Ziehbrücken sind Blickfang an der wieder gewonnenen Uferpromenade **Moll de la Fusta**. Ebenfalls am Meer entstand für das Fòrum Universal de les Cultures 2004 das neue Viertel **Fòrum** mit dem 30 ha umfassenden gleichnamigen Park, dessen Wahrzeichen eine riesenhafte Fotovoltaik-Anlage ist. Weite Freiflächen bieten Platz für Großveranstaltungen. In dem exzentrisch-schnittigen **Edifici Fòrum** der Schweizer Stararchitekten Herzog & de Meuron eröffnete 2011 das **Museu Blau** (Di–So 10–19, Sa/So 10–20 Uhr). Die Dependance des Museu de Ciències Naturals präsentiert eine spektakuläre Schau zur Geschichte der Erde.

und beherbergt eine Ausstellung zur Geschichte der Naturwissenschaften. Das Forschungszentrum **Laboratori de Natura** (zzt. wegen Umbau geschl.) ist ebenfalls im Parc de la Ciutadella untergebracht, im trutzigen, von goldglänzenden Zinnen bekrönten *Castell dels Tres Dragons*, der Burg der drei Drachen, die Domènech i Montaner als Café für die Weltausstellung von 1888 erbaut hatte.

Der von *Josep Fontseré* im Stil eines englischen Landschaftsgartens gestaltete **Parc de la Ciutadella** ist heute eine Oase der Ruhe und Erholung für die Barceloner. Ein besonderer Anziehungspunkt ist die *Kaskade*. Ihr Wasserbecken wird von geflügelten Drachenwesen bevölkert, im aufgetürmten Gestein rund um den Wasserfall tummeln sich verschiedene arkadische Mischwesen: Faune mit Panflöte, Seepferde und Najaden. Ganz oben, im Schatten eines pompösen Triumphbogens, posiert die bewegte Gestalt einer Venus im Muschelwagen, doch sie wirkt eher bürgerlich als entfesselt, mit einem züchtig um die Hüften geschlungenen Tuch.

Im Jahr 1892 wurde im südlichen Bereich des Parc de la Ciutadella der **Zoo de Barcelona** (Tel. 902 45 75 45, www.zoobarcelona.cat, Juni–Sept. tgl. 10–20, Mitte März–Mai, Okt. tgl. 10–19, Nov.–Mitte März tgl. 10–17.30 Uhr, Kasse schließt 1 Std. vorher) eröffnet. Er gibt heute 2200 Tieren aus 315 Arten ein Zuhause, darunter Orang-Utans und Hawaiigänsen, Wölfen, Bären und Bongos sowie Schneeleoparden und Schwarzhalsschwänen.

Wasserspiele mit Fabelwesen – die malerische Kaskade im Parc de la Ciutadella

41 Parlament de Catalunya

Ein Parlament an symbolischem Ort: Einst wurde das Gebäude errichtet, um Barcelona zu unterdrücken

Plaça d'Armes – Parc de la Ciutadella
Tel. 933 04 65 00
www.parlament.cat
Sa 10–19, So 10–14 Uhr, Führungen auf Katalanisch zur vollen Stunde
Metro L4: Ciutadella-Vila Olímpica

Das Parlament der Autonomen Region Katalonien befindet sich im einstigen Arsenal der Ciutadella [Nr. 40]. Trotz einiger baulicher Veränderungen gleicht das Arsenal in seiner Struktur noch immer jener, die Próspero de Verboom, der Architekt und spätere Befehlshaber der Zitadelle, ab 1716 errichten ließ. Nachdem die Zitadelle 1869 niedergerissen worden war und das Arsenal seine eigentliche Funktion verloren hatte, beschloss der Stadtrat von Barcelona, es in einen Königspalast umzubauen. Mit der Neugestaltung wurde Pere Falqués beauftragt, der damalige Stadtarchitekt Barcelonas. Der Haupteingang wurde verlegt. Die Fassade bekam Balkone und wurde mit Sgraffiti verziert. Da aber die Königin von dieser Residenz gar nicht angetan war, wurde hier 1915 das *Museu d'Art Modern* eingerichtet. Im Jahr 1980, nach der Zuerkennung der Autonomie, zog hier außerdem das Parlament Kataloniens ein, und seit 2003 nutzt es das gesamte Gebäude. Die Sammlung des Museu d'Art Modern ist heute Teil des Museu Nacional d'Art de Catalunya [Nr. 67] auf dem Montjuïc.

Das monumentale Gebäude erhebt sich über kreuzförmigem Grundriss um vier Innenhöfe und wird von einer Kuppel bekrönt. Insbesondere die Eingangshalle mit ihrer Prunktreppe und der Sitzungssaal des Parlaments sind gediegen und würdevolle ausgestattet. Der katalanische Nationalstolz liegt hier quasi in der Luft.

42 La Barceloneta

Die Planstadt aus dem 18. Jh. lockt mit schönem Sandstrand.

Metro L4: Barceloneta

Eiserner Wille zeichnete den indirekten Urheber der einstigen Fischersiedlung, Philipp V., aus. Der erste Bourbonenkönig Spaniens hatte Barcelona, nachdem er es belagert und erobert hatte, den Bau der verhassten Zitadelle aufgezwungen. Zuvor aber musste der am dichtesten bewohnte Teil des Stadtviertels La Ribera abgerissen werden. Mehr als 10 000 Menschen standen damit im Jahr 1715 innerhalb kürzester Zeit auf der Straße. Der französische Militäringenieur *Prósper de Verboom* regte deshalb den Bau einer neuen Siedlung auf dem Schwemmland vor Barcelona an, das durch die Errichtung der Hafenanlage entstanden war. Verbooms Entwurf war eine hervorragende städtebauliche Leistung: Schmale, lang gestreckte Häuserblocks waren in einem rechtwinkligen Straßenraster angeordnet. Die Häuser waren gut proportioniert, solide gebaut und durften nur zwei Geschosse besitzen, um zu gewährleisten, dass ausreichend Sonnenlicht in die Straßen und Häuser fiel.

›Kleinbarcelona‹ war berühmt für seine volkstümlichen Lokale direkt am Meer, in denen man im Sommer frischen Fisch, Meeresfrüchte und Krustentiere schmausen konnte. Im Zuge der Olympia-Arbeiten und der Erneuerung der Uferzonen und Strände Barcelonas wurden 1992 die alten Fischbuden abgerissen und durch moderne Bauten ersetzt, in denen heute wieder viele Bars und Restaurants zum Verweilen einladen.

An das Viertel grenzt der rund 1,5 km lange Sandstrand **Platja de la Barceloneta**, der im Sommer Badevergnügen inmitten der Großstadt bietet. Ein beliebter Treffpunkt ist *Rebecca Horns* Skulptur ›L'Estel Ferit‹ (Der verletzte Stern) von 1992. Die vier windschief übereinander getürmten und von Fenstern durchbrochenen Eisenkuben sollen an die abgerissenen Fischbuden erinnern.

43 Vila Olímpica und Platja Nova Icària

Städtebau der Moderne mit einer schicken Strandpromenade.

Metro L4: Ciutadella-Vila Olímpica

Das Olympische Dorf Vila Olímpica steht auf einem früher ungeliebten Areal, dem *Poble Nou*, einem Bahn- und Industriedistrikt an der Küste nordöstlich der Altstadt. Auf dem Gebiet außerhalb von Cerdàs Rasterplan befand sich ein Wirrwarr von Containeranlagen, Lagerschuppen, alten Fabriken und schäbigen Wohnblocks – das ›Manchester Kataloniens‹. Als Trennungslinie schob sich zwischen Stadt

Sonne, Meer und sogar ein paar Palmen: der beliebte Sandstrand unweit des Port Olímpic

und Meer eine gewaltige Gleisanlage, die erste Eisenbahnlinie Spaniens aus dem Jahr 1848. Nach Verlegung des Containerhafens südlich des Montjuïc und der Verlagerung der Bahnlinie in den Untergrund vollbrachte die Abrissbirne auch hier die langersehnte Öffnung der Stadt zum Meer. Das Büro Martorell, Bohigas, Mackay (MBM) erhielt den Zuschlag für eine städtebaulich weitreichende Planung. Zwei 40-stöckige *Hochhaustürme*, je 136 m hoch, bilden das Tor zum neuen Viertel. Die Wohnbauten sind zu verschobenen Fluchten angeordnet, es gibt variantenreiche Passagen und überdachte Gänge, dreieckige und kreisförmige Plätze. Überwiegend sechsstöckige Blocks mit 3500 Wohnungen umschließen großzügig begrünte Höfe. Ein 200 m breiter *Boulevard* öffnet das Gebäudeensemble zum Meer und bietet gleichzeitig einen herrlichen Blick auf Barcelona. Den Beginn der Uferpromenade bildet die Mole des **Port Olímpic**, dessen Wahrzeichen die riesige metallene Fisch-Skulptur *Peix* des Architekten Frank O. Gehry ist. Zahlreiche Bars und Restaurants laden zum Verweilen ein und östlich vom Hafen erstreckt sich der 400 m lange Strand **Platja Nova Icària** mit seinen beliebten Lokalen. Die Küstenlinie wurde gen Nordosten bis nach Badalona durch verschiedene Parkanlagen, gleichfalls mit Cafés und Restaurants, völlig neu gestaltet.

Die Uferpromenade des Port Olímpic mit dem großen ›Fisch‹ von Frank O. Gehry

Vila Olímpica – im Schatten der Wolkenkratzer liegen der Jachthafen und seine Lokale

Westlich der Rambles – große Kunst und kleine Kostbarkeiten

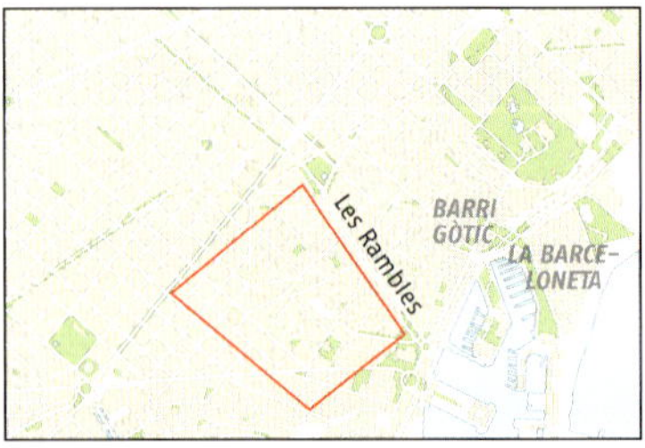

Die Kunst der Gegenwart aus Barcelona und der Welt, von Malerei über Installationen bis zu neuen Medien, lockt Besucher in das **Museu d'Art Contemporani** inmitten des Altstadtviertels El Raval mit seinen Cafés, Restaurants und Modeläden. Und auch die Gegend um das alte Hospital mit dem Kloster **Sant Pau del Camp**, einem Juwel der Romanik, lohnt eine Besichtigung. Anschließend bietet sich als optischer und kulinarischer Genuss noch ein Bummel durch den **Mercat de Sant Antoni** an, einen der schönsten Märkte Barcelonas.

44 Museu d'Art Contemporani

TOP TIPP *Katalanische und europäische Kunst des 20. und 21. Jh. in einem schnittigen Richard-Meier-Bau.*

Plaça dels Angels 1,
Ecke Carrer Montalegre
Tel. 934 12 08 10
www.macba.cat
Juli–Sept. Mo, Mi–Fr 11–20, Sa 10–20, So 10–15 Uhr, Okt.–Juni Mo, Mi–Fr 11–19.30, Sa 10–20, So 10–15 Uhr
Metro L1, L2: Universitat

Mit Pablo Picasso, Salvador Dalí, Joan Miró und Antoni Tàpies errang die katalanische Kunst weltweite Anerkennung und eine wichtige Position auf dem internationalen Kunstmarkt. In der Hauptstadt Kataloniens aber gab es lange kein großes Museum für moderne und zeitgenössische katalanische Kunst. 1987 wurde zu dessen Verwirklichung die private Stiftung *Fundació Museu d'Art Contemporani* ins Leben gerufen. Das Museu d'Art Contemporani de Barcelona (MACBA), erbaut nach Plänen von *Richard Meier*, konnte 1995 seine Pforten öffnen, ein lang gestreckter, von großen Fensterflächen dominierter Gebäudekomplex, der weiß strahlend inmitten der Altstadt lagert. Das Foyer und die langen Treppenrampen der drei Geschosse im Glasvorbau öffnen die strenge, funktionale Architektur zum Stadtraum. Rechts außen

Avantgardistischer, strahlend weißer Kunsttempel – das Museu d'Art Contemporani

Die katalanische Staatsbibliothek nutzt heute den gotischen Krankensaal des Antic Hospital

setzt ein kleeblattförmiger Rundbau auf Stelzen weiche Akzente.

Das Museum bietet einen guten Überblick über die katalanische Kunst ab den 1950er-Jahren, umfasst aber auch Arbeiten der internationalen Kunstszene. Den Grundstock der Sammlung, die sich aus Leihgaben und Schenkungen formierte, bilden Gemälde von Künstlern wie *Antoni Tàpies* und *Miquel Navarro* sowie Skulpturen von *Josep Maria Subirachs* oder *Susana Solana*. Hinzu kommen Partien aus dem Nachlass Salvador Dalís und aus der Kunstsammlung der Caixa de Pensions. Vor allem im Rahmen der meist avantgardistisch orientierten *Wechselausstellungen* wird der Kunstkanon um Installationen, Foto, Video, Neue Medien, Design und Mode erweitert.

Auf der anderen Seite des Museumsplatzes, im mittelalterlichen Kloster *Convent dels Àngels*, wurde eine Kapelle zum zusätzlichen Ausstellungsraum umfunktioniert. Die **Capella MACBA** zeigt heute vor allem Video-Kunst.

Durch einen Patio des Museums wiederum gelangt man zur gotischen *Casa de Caritat*. In dem Waisenhaus ist heute das **Centre de Cultura Contemporània de Barcelona** (Carrer Montalegre 5, Tel. 933 06 41 00, www.cccb.org, Di–So 11–20 Uhr) untergebracht. Die Neugestaltung des mittelalterlichen Gebäudes erfolgte unter Leitung von Albert Viaplana und Helio Piñón. Beleuchtet werden in diesem Zentrum alle Aspekte der Kultur der Gegenwart, vor allem dreht es sich um Kunst, Film, Musik und Tanz.

Ein Publikumsmagnet ist auch der Innenhof des CCCB. Dieser *Pati Manning* wurde um 1750 mit floralen Sgraffiti und prächtigen Fliesenbildern geschmückt.

45 Antic Hospital de Santa Creu i Sant Pau

Die mächtigen Gewölbe eines gotischen Krankensaales beherbergen die Katalanische Staatsbibliothek.

Carrer de l'Hospital 56
und Carrer del Carme 47
Biblioteca de Catalunya:
Tel. 932 70 23 00
www.bnc.cat
Mo–Fr 9–20, Sa 9–14 Uhr
Metro L3: Liceu

Südlich des MACBA kommt man in das alte Hospitalviertel. Das Antic Hospital de Santa Creu i Sant Pau (Zum Heiligen Kreuz und hl. Paulus) geht auf ein *Pilgerhospiz* des frühen 11. Jh. zurück. 1401 legte man den Grundstein für einen gotischen Neubau, einen quadratischen Komplex, der sich um einen Arkadenhof gruppiert.

Fangfrischen Fisch kaufen Damen und Herren auf dem Mercat de Sant Antoni

Das Krankenhaus rühmte die Zeitgenossen wegen seiner Schönheit, und Papst Benedikt XIII. setzte für das Gebäude eine Schenkung von 10 000 aragonesischen Goldgulden aus. Im 16. Jh. fügte man einen zweiten Hof an, 1629–80 entstand die prachtvolle barocke *Casa de Convalecencia*. 1762–64 kam das klassizistische *Col. legi de Cirurgía* nach Plänen des Chirurgen Pere Virgili zur Ausführung.

Doch das Hospital sah nicht nur gute Zeiten: Im Laufe des 19. Jh. verfielen seine Bauten immer mehr und es fungierte nur noch als Krankenhaus für arme Leute.

Antoni Gaudí wurde nach seinem schweren Straßenbahnunfall am 7. Juni 1926 hierher gebracht, weil man ihn aufgrund seines verwahrlosten Äußeren für einen Bettler hielt. Erst nach drei Tagen machten ihn Freunde ausfindig und sorgten für die Verlegung des Verletzten in ein Privatzimmer, wo er noch am selben Tag starb.

1929 verlegte man alle medizinischen Einrichtungen in einen neuen Gebäudekomplex [Nr. 64] im Eixample. Heute sind im Antic Hospital de Santa Creu i Sant Pau mehrere Kultureinrichtungen ansässig.

Von Außen wirkt der Komplex eher unscheinbar. Das einzige, was man wahrnimmt, sind mächtige Steinmauern. Indizien für Kunstvolles sind allein das schöne *Renaissanceportal* im Carrer de l'Hospital 60 und die barocke *Paulusfigur* mit wallendem Bart und Schwert oben am Hauseck, wo Carrer del Carme und Carrer Egipciaque aufeinandertreffen. Unweit dieser Statue befindet sich auch der Eingang zu der ausgedehnten Anlage. Das klassizistische Col.legi de Cirurgía links ist heute Sitz der *Reial Acadèmia de Medicina i Cirurgía*. Rechter Hand steht die barocke Casa de Convalecencia, die jetzt das *Institut d'Estudis Catalans* beherbergt. Das Gebäudegeviert betritt man durch einen niedrigen Vorraum, in dem bemalte Fliesen die *Vita des hl. Paulus* schildern. Im anschließenden zweistöckigen *Innenhof* sind die Wände ebenfalls bis auf halbe Höhe mit Azulejos geschmückt, hier nun mit ornamentalen Motiven: grünweiße Dreiecke, eingefasst von einem floralen Fries. In der Mitte steht über der *Cisterna de Sanct Pau* eine schöne Barockstatue des Apostels Paulus, die Lluís Bonifàs 1670 schuf.

Hält man sich wieder links, kommt man zur Treppe, die ins Obergeschoss und zur **Biblioteca de Catalunya** führt. Sie ist in einer imposanten gotischen Halle untergebracht, dem früheren Krankensaal des Hospitals. Ihre weitgespannte, verschalte Holzdecke ruht auf massiven spitzbogigen Gurten, die in Form von Schiffskielen geschwungen sind.

Die Hospitalkirche widmet sich heute als Ausstellungszentrum **La Capella** (Carrer de l'Hospital 56, Tel. 934 427171, www.bcn.cat/lacapella, Di–Sa 12–14 und 16–20, So 11–14 Uhr) der zeitgenössischen Kunst. Rechts vorne öffnet sich eine schöne spätgotische Kapelle, deren großer, vielfach durchbrochener Schlussstein einen starken architektonischen Akzent setzt.

46 Mercat de Sant Antoni

Die größte und vielleicht schönste alte Markthalle der Stadt.

Ronda de Sant Antoni
Tel. 934 26 35 21
www.mercatdesantantoni.com
Mo–Do 7–14.30 und 17–20.30,
Fr/Sa 7–20.30 Uhr
Metro L3: Poble Sec

Der Carrer del Carme führt direkt auf den Mercat de Sant Antoni zu. Die *Markthalle*, eine für das 19. Jh. typische Gusseisenkonstruktion, gehört zu den attraktivsten der Stadt. Das mit rotgelben Ziegeln gemusterte Dach glänzt und strahlt im Sonnenlicht. Im Inneren, dessen Gusseisengewölbe in einer Kuppel kulminiert, finden die Barceloner für gewöhnlich alles, was ihnen mundet. »Billiger, frischer, schöner« tönt es von allen Seiten. Zwischen den Ständen mit einer bunten Palette mediterraner Früchte und Gemüse finden sich auch Theken für Fleisch und Wurst, für paprikarote ›Chorizos‹ und für luftgetrockneten spanischen Schinken. Andere Stände bieten Käse, Eier und Geflügel. Nach Erledigung der Einkäufe gönnen sich manche Kunden eine Pause an einer der Bar- und Bistro-Theken. Montags, mittwochs, freitags und samstags findet nahe der Halle auch ein *Kleidermarkt* statt, der zwar sehr lebendig, für Touristen aber eher unergiebig ist.

47 Sant Pau del Camp

TOP TIPP *Eine Kostbarkeit inmitten eines lebhaften, einfachen Viertels.*

Carrer de Sant Pau 101
Tel. 934 41 00 01
Mo 17–20, Di–Fr 10–13.30 und
17–20, Sa 10–13.30 Uhr
Metro L2, L3: Paral.lel

Wann das Kloster ›Sankt Paulus auf dem Felde‹ gegründet wurde, ist nicht sicher. Das Fragment eines Grabsteins mit Inschrift, heute im rechten Querhaus, bezeugt die Bestattung des Grafen Guifré Borrell im Jahr 911. Westgotische Kapitelle im Kreuzgang lassen vermuten, dass das Kloster während der maurischen Invasion 985 zerstört wurde. Die heutige Kirche stammt aus dem späten 12. Jh., der Kreuzgang wohl aus dem 13. Jh. 1904 wurde das Kloster als Kaserne zweckentfremdet. Nach behutsamer Restaurierung ist es heute wieder als architektonisches Juwel der Romanik wahrnehmbar. Die *Fassade* ist ein interessantes Sammelbecken älterer und neuerer Versatzstücke. Im Tympanon, dem Bogenfeld über dem Portal, thront Christus. Ihm nähern sich von den Seiten voller Demut Paulus und Petrus. In der äußeren Archivolte sind urtümliche Reliefs mit Köpfen, Tieren und Früchten angebracht. Über dem Portalbogen sieht man eine segnende Hand, darunter die Evangelistensymbole. Engel und Adler, als Reliefs gearbeitet, halten je ein Buch. Die beiden unteren, Löwen- und Stierkopf, dürften älter sein. Sie sind plastisch gearbeitet und dienen als Auflagen für den Bogen. Die Säulen im Gewände tragen Kapitelle, die aus der Zeit vor dem Arabersturm stammen dürften.

Das *Innere* ist äußerst schlicht. Durch winzige Rundbogenfenster in den mächtigen Mauern sickert spärliches Tageslicht in den wunderbar ruhevollen Raum. Lang- und Querschiff sind gleich bemessen, über der Vierung gibt es eine achteckige Kuppel, im Chor drei Apsiden. Durch eine Holztür im rechten Querhausarm gelangt man in den kleinen kostbaren Kreuzgang. Bei genauerem Hinsehen fällt auf, dass die Arkaden mit Kleeblattbögen Architekturteile aus älteren Bauten enthalten. Des Öfteren passt der Säulenschaft nicht zum Kapitell, oder anstelle der Basis findet ein zweites Kapitell Verwendung. Die meisten dieser Säulenkronen besitzen gleichwohl hervorragende Qualität. Zum Teil sind sie ornamental, mit Pflanzenranken gestaltet, zum Teil mit faszinierenden szenischen Darstellungen versehen.

Kostbares Kleinod der Romanik – der Kreuzgang des Klosters Sant Pau del Camp

Eixample – Jugendstilpracht und elegante Großzügigkeit

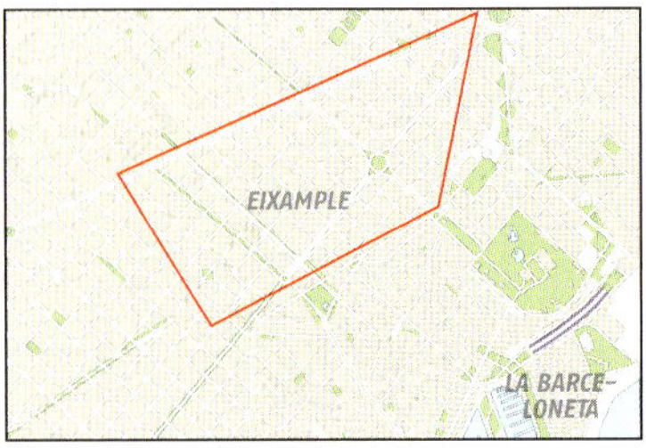

Mit dem Einsetzen der Industrialisierung in Barcelona Mitte des 19. Jh. begann die Bevölkerung enorm anzuwachsen. Ungeachtet dessen durfte weder die mittelalterliche Stadtmauer abgerissen noch vor der Stadt, etwa auf dem Schussfeld um die Zitadelle, gebaut werden. Folglich siedelten sich auch die neuen Betriebe innerhalb der Stadt an, und die ohnehin schon ungeheuer dicht aufeinander lebenden Menschen mussten mit noch weniger Raum auskommen. Nach drei furchtbaren Cholera- und Gelbfieberepidemien sowie einem Arbeiteraufstand bewilligte die Zentralregierung in Madrid endlich den Abbruch der Stadtmauer. An ihrer Stelle legte man nun breite baumbepflanzte *Rondas* an. Die Planung dieser Stadterweiterung übernahm der katalanischen Bauingenieur *Ildefons Cerdà*. Es gelang Cerdà zwar, mit dem **Eixample** seine architektonische Sozialutopie einer demokratischen, einheitlich gestalteten Neustadt baulich umzusetzen, doch das hinderte das neue Großbürgertum nicht daran, dem Viertel binnen kürzester Zeit ein blendendes, exzentrisches Flair zu verleihen. Zwischen 1890 und 1910 entstand so das größte im Jugendstil gestaltete Stadtviertel Europas. Die durch Textilfabrikation und den Zuckerrohranbau auf Kuba reich gewordenen Händler und Industriellen stellten mit großem Stolz Wohlstand und Macht zur Schau. Sie ließen sich von der Begeisterung der Architekten für den **Modernisme** anstecken und folgten deren Fantasien: Maurische, mittelalterliche und zeitgenössische Elemente verwoben sich zu einem prachtvollen, überbordenden Stil, der wiederum zum Signet der Gründerzeit in Barcelona wurde. Es entstanden repräsentative Gebäude und detailfreudige Gesamtkunstwerke. So wuchs entlang schnurgerader, großzügiger Straßen eine imposante Stadt des Modernisme heran, in gebührende Abstand von der oft bedrückenden Enge in den mittelalterlichen Gassen des Barri Gòtic.

Wie ein grünes Band durchzieht der Passeig de Gràcia die Neustadt Barcelonas

48 Passeig de Gràcia

Elegante Flaniermeile im Schatten von Platanen, gesäumt von Meisterwerken des Modernisme.

Metro L2, L3, L4: Passeig de Gràcia

Der Passeig de Gràcia war ursprünglich die Verbindungsstraße zwischen der Altstadt und dem Ort Gràcia, der heute eingemeindet ist. Schon vor dem Bau des Viertels Eixample wurde die Straße zu einem 1,5 km langen Boulevard umgestaltet. Er bildet heute die vornehmste Flaniermeile der Stadt, gesäumt von eleganten Geschäften und hervorragenden Beispielen der Architektur des Modernisme. Vier Reihen **Platanen** gliedern seine gewaltige Breite von 61 m.

Drei bedeutende Architekten, Antoni Gaudí [s. S. 87], Lluís Domènech i Montaner und Josep Puig i Cadafalch, bauten in unmittelbarer Nachbarschaft große

Der Passeig de Gràcia ist der perfekte Ort für einen Schaufensterbummel

Manzanas: die Casa Batlló [Nr. 51], die Casa Lleó Morera [Nr. 49] und die Casa Amatller [Nr. 50]. Das spanische Wort Manzana bedeutet sowohl Wohnblock

Modernistische Harmonie: die Casa Lleó Morera und eine Straßenlaterne von Falqués i Urpí

als auch Apfel. Da sich die Bauherren angeblich stritten, welches der Gebäude am schönsten sei, nennt der Volksmund die drei mit einem Wortspiel *Manzana de la Discordia* – Zankapfel.

Der Gestaltungswille des Modernisme beschränkte sich jedoch nicht nur auf die Gebäude. Charakteristisch für den Passeig de Gràcia sind die schmiedeeisernen **Straßenlaternen**, sichelförmige Gebilde mit filigranem Blattgerank, die unten geschwungene *Steinbänke* umfassen. *Pere Falqués i Urpí* entwarf sie in elegantem Jugendstil. Antoni Gaudí gestaltete die **Pflastersteine** des Trottoirs. Sie sind mit stilisierten Muscheln, Kraken und Seegras geschmückt. Die Erinnerung ans Meer wird besonders lebendig bei Regen, wenn das Pflaster vor Nässe glänzt.

49 Casa Lleó Morera

Eine heiter-duftige Welt, bevölkert von Blüten und Elfen.

Passeig de Gràcia 35
Metro L2, L3, L4: Passeig de Gràcia

Francesc Morera und sein Sohn Lleó ließen das bereits 1864 errichtete Eckgebäude 1902–06 von *Lluís Domènech i Montaner* im Stil des Modernisme umbauen. Heute bietet im Erdgeschoss des Wohn- und Bürohauses die **Boutique Loewe** (www.loewe.com, Mo–Sa 10–20.30 Uhr) exklusive Lederwaren an.

Hoch oben über dem Hauseck zieht ein kreisrunder *Tempietto* auf luftigen Säulchen die Blicke auf sich. Diese Rundform taucht an der Casa immer wieder auf, in den kräftig vorspringenden *Balkonen* oder als *Fensterrahmen* im zweiten Obergeschoss und in den kugeligen Blütenformen des Dekors. Sogar die fantasievollen *Zinnen* sind sprießender Zierat, ebenso wie die zarten Mädchenfiguren, halb verborgen hinter den Balkonbrüstungen beiderseits der dreiteiligen Fenster. Eine trägt, ganz moderne Frau, einen Fotoapparat, die andere ein Grammophon, Errungenschaften jener Zeit.

Durch die Türe zur Querstraße Carrer del Consell de Cent hin kann man ins Entrée blicken, das in heiterem Jugendstil gestaltet ist: Boden, Treppen, Wand und Decke sind übersät von hellrosa und weißen Blüten und grünen Efeublättern. Sogar der Lift trägt ein elegantes Jugendstilgewand.

50 Casa Amatller

Majestätisch hebt sich der Vorhang noch einmal für das Mittelalter.

Passeig de Gràcia 41
Tel. 932 16 01 75
www.amatller.org
Führungen auf Voranmeldung:
Tel. 670 46 62 60, www.casessingulars.com/activitats/visites-singulars/casa-amatller
Metro L2, L3, L4: Passeig de Gràcia

Der Schokoladenfabrikant Antoni Amatller ließ 1898–1900 ein bereits bestehendes Haus grundlegend umbauen. Derzeit sind in den Obergeschossen Restaurierungen im Gange, die wohl noch bis Ende 2013 andauern. Die Webseite verzeichnet Termine für Führungen, die derzeit etwa ein Mal pro Monat stattfinden.

Der Architekt des Gebäudes, *Josep Puig i Cadafalch*, war eine vielseitige Persönlichkeit. Er gilt als hervorragender Vertreter des neogotischen Modernisme, beschäftigte sich aber auch mit Geschichte, Archäologie und Politik.

Schon das Äußere der Casa Amatller stellt sich als kurioses, faszinierendes Gotik-Potpourri dar. Am behäbigen Treppengiebel klingt die niederländische Gotik an, die teppichartige Fassadenmusterung erinnert zugleich an die katalanische Gotik. Der farbige Fliesenschmuck im Treppengiebel allerdings beugt Verwechslungen vor: Er weist das Haus eindeutig als ein typisches Produkt des Modernisme [s. S. 60] aus, in dem alle Sparten des Kunsthandwerks ineinanderspielen.

Das Hauptportal im linken Teil der Fassade ist umgeben von Gestalten aus einer mittelalterlichen Bilderwelt. Rechts befindet sich ein wild mit dem Drachen kämpfender Georg in wehendem Mantel, links ein Bärenführer. Weiter oben sind Vertreter der Künste zu sehen: ein Maler mit Palette, ein Bildhauer mit einer Büste, ein Architekt mit Zirkel, und eine Harfe spielende Maid als Personifikation der Musik. An den Reliefs der Fensterrahmen und Konsolen des Obergeschosses setzt sich die Fabelwelt fort. Ein Fotograf hat sich in die Szenerie eingeschlichen, halb versteckt unter seinem schwarzen Tuch, doch die Tiere haben ihn bereits entdeckt und äffen ihn nach. Durch das Vestibü gelangt man in das Schokoladengeschäft **Chocolates Amatller** (www.chocolates-amatller.com). Hier erhellen Drachenlampen den düsteren, eher niedrigen Raum mit reich verzierter Holzbalkendecke, weiten Bögen und gedrehten Säulen. Der untere Teil der Wandtäfelung ist rot-grün-blau-weiß gekachelt. Eine elegante Treppe führt in die Obergeschosse, deren Räume durch eine fantasievolle Stilmischung aus gotischen, maurischen und modernistischen Elementen begeistern. Das in der Casa ansässige **Institut Amatller d'Art Hispànic** umfasst eine Bibliothek und Fotothek zur spanischen Kunst und Architektur, die von Wissenschaftlern und Kunsthistorikern frequentiert wird.

Ildefons Cerdà und die Stadt der Zukunft

In der Planung der Stadterweiterung – der **Eixample** – ging Barcelona eigene Wege. Bereits 1855 legte der katalanische Bauingenieur *Ildefons Cerdà* (1815–76) den Entwurf für eine Stadt der Zukunft vor. Zugrunde lag die utopische Vorstellung, dass eine Synthese der technischen Möglichkeiten mit den sozialen Erfordernissen die Menschen von allen Zwängen befreien und ein Leben in Freiheit und Gleichheit ermöglichen könnte.

Der Bebauungsplan wurde 1859 von der Stadt angenommen, sein System ist noch heute am Stadtplan ablesbar: ein schachbrettartiges Raster aus großen, quadratischen Wohnblocks und breiten Straßen, durchschnitten von zwei großen Diagonalen, der *Gran Via de les Corts Catalanes* und der *Avinguda Diagonal*. Charakteristisch sind die abgeschrägten Ecken der Häuserblocks, *Chaflanes*, die das Fließen des Verkehrs an den Kreuzungen erleichtern und viel Licht in die Gebäude lassen sollten.

Spielformen des Modernisme lassen sich an den Balkonen der Casa Amatller studieren

Antoni Gaudí schuf die modernistische Casa Battló in bewegten amorphen Formen

51 Casa Batlló

TOP TIPP

Kleinod modernistischer Architektur: mit knöcherner Fassade und schuppig gedecktem Buckeldach.

Passeig de Gràcia 43
Tel. 932 16 03 06
www.casabatllo.es
tgl. 9–21 Uhr (letzter Einlass 20 Uhr)
Metro L2, L3, L4: Passeig de Gràcia

1904 beauftragte der Textilfabrikant Josep Batlló i Casanovas den Architekten *Antoni Gaudí* mit dem Umbau seines Hauses: Neugestaltung der Fassade und der Rückfront, Erweiterung des Innenhofes und Modernisierung der Wohnräume im 1. Obergeschoss. Innerhalb von zwei Jahren (1905–07) löste Gaudí diese Aufgabe im Stil des Modernisme und doch völlig eigenwillig: Er verkleidete die Fassade mit einem Mosaik aus runden Keramikplättchen und hellen Kachelbruchstücken, ein altes katalanisches Kunsthandwerk, das die Verwendung solcher schöner Abfallprodukte gestattet. Der flirrenden Farbfläche legte er im Bereich des Hauptgeschosses eine breite Fassade mit seitlich aufsteigenden schmalen Erkern vor. Sie wirken wie aus einer zähen, grauen Masse geknetet. Gleichsam im Erstarren begriffen, tropft und rinnt eine amorphe Masse herunter und bildet die drei großen Gliederungsstrukturen. Die schlanken, knochenartigen Säulchen dazwischen scheinen diese zähfließende Masse gerade noch zu festigen.

Über der schon reichlich ungewöhnlichen Fassade thront ein fantastischer **Dachaufbau**. Er ist hoch und steil und erinnert mit seinen gekrümmten, von bunten Kacheln und kugeligen Ziegeln überzogenen Formen an den schuppigen Rücken eines Riesenreptils. Markenzeichen Gaudís sind das Zwiebeltürmchen links mit vierblättriger Kreuzblume, ein Gebilde wie aus Schlagsahne, sowie die bizarren Kamine und Belüftungstürme. Möglich wurde diese Formenvielfalt durch die Verwendung von Eisenbeton.

Berühmtheit erlangte vor allem der blaue *Lichtschacht* im **Inneren**. Um den nach unten immer schwächer werdenden Lichteinfall auszugleichen, sind die Kacheln dort entsprechend heller. Interessant sind ferner die eigenwilligen *Türfüllungen* und *Fensterrahmen* aus poliertem Holz, wie alle anderen Details Sonderanfertigungen nach Entwürfen des Architekten. Das 1907 eigens für die Wohnung des Hausbesitzers entworfene Mobiliar wird heute im Museu Casa Gaudí im Parc Güell [Nr. 65] ausgestellt.

Wie eine große Sonnenblume wirkt die Lampe in Antoni Gaudís Casa Batlló

Die Drahtwolke von Tàpies ist Blickfang über dem ehem. Verlagshaus Montaner i Simon

52 Fundació Antoni Tàpies

Funktion und Kunst geben sich hier ein überaus geglücktes Stelldichein.

Carrer Aragó 255
Tel. 934 87 03 15
www.fundaciotapies.org
Di–So 10–19 Uhr
Metro L2, L3, L4: Passeig de Gràcia

Die Fundació Antoni Tàpies im einstigen Verlagshaus Montaner i Simón fällt jedem Passanten sofort durch die Drahtwolke auf, die seit 1990 über seinem im Vergleich zu den Nachbarhäusern niedrigen First schwebt: *Núvol i Cadira* (Wolke und Stuhl). Der skurrile Blickfang ist ein Werk Antoni Tàpies (1923–2012), dessen Schaffen das Haus gewidmet ist. Die Stiftung *Fundació Antoni Tàpies* wurde 1984 vom Künstler selbst zur Förderung der zeitgenössischen Kunst ins Leben gerufen. 1990 zog die Kollektion in das frühere Verlagshaus und zeigt in den zuletzt 2010 modernisierten Räumen eine Schau mit Gemälden, Skulpturen, Zeichnungen, Buchkunst und Grafik aus allen Schaffensphasen Tàpies. Hinzu kommen thematische Wechselausstellungen zur Moderne. Die Bibliothek ist auf Kunst des 20. Jh. und auf orientalische Kulturen spezialisiert.

Zur Entstehungszeit 1880–85 wirkte das Gebäude nach Plänen von *Lluís Domènech i Montaner* sicherlich nüchtern und schlicht. Der Funktion entsprechend, machte der Architekt den *Eisenskelettbau*, der in Barcelona zuvor nur für Märkte und Bahnhöfe Anwendung gefunden hatte, hier sichtbar. Für die *Fassaden* verwendete er Eisen, Glas und Backstein. So entstand ein interessantes Zusammenspiel der Oberflächen, das entfernt an die Mudéjar-Baukunst erinnert. Deutlich ist das Bemühen um eine rationale, der Aufgabe des Hauses angemessene Architektursprache, die den Klassizismus und Eklektizismus überwinden will.

Ein Stück weiter südlich erreicht man das **Museu del Modernisme Català** (Carrer Balmes 48, Tel. 932 72 28 96, www.mmcat.cat, Mo–Sa 10–20, So 10–14 Uhr), das 2010 in einem Gebäude von 1902 eröffnet wurde. Das MMCAT stellt auf zwei Stockwerken Malerei, Plastik, Kunsthandwerk und Mobiliar diverser Künstler des katalanischen Modernisme aus.

53 Universitat Central de Barcelona

Auch in Barcelona wurde im 19. Jh. das lang verpönte Mittelalter für die Baukunst wiederentdeckt.

Gran Via de Les Corts Catalanes 585
www.ub.edu
Metro L1, L2: Universitat

Das lang gestreckte Universitätsgebäude, flankiert von zwei Türmen, in der Mitte das giebelständige Hauptgebäude, entstand 1863–72 im Rundbogenstil. Der Ur-

Die wellenartig bewegte Fassade der Casa Milà erinnert an eine ausgewaschene Felswand

heber *Elias Rogent i Amat* gehörte zu jenen Architekten, die Romanik und Gotik als eigenständige Kunststile wiederentdeckt hatten und sich am Vorbild des französischen Baumeisters Viollet-le-Duc orientierten. Die Säulenkapitelle in der dreischiffigen, niedrigen **Eingangshalle** zeigen farbige *Wappen* der Landesteile Spaniens. In den Mauernischen stehen überlebensgroße *Figuren*, die bedeutende Gelehrte darstellen, darunter der Humanist Luis Vives (1492–1540), Alfons X. el Sabio (1252–82), König von Kastilien und Verfasser poetischer Schriften, Ramón Llull (1235–1315), katalanischer Philosoph und Theologe, Averroes (1126–98), arabischer Philosoph und Leibarzt des Kalifen von Córdoba, und San Isidoro (560–636), Erzbischof von Sevilla und Kirchenvater.

Rechts führt eine prunkvolle **Ehrentreppe** nach oben, überwölbt von einer bunten Glasdecke. An der Rückwand zur Halle hin nimmt ein prächtiges Wappen Bezug auf ein anderes, sehr viel älteres Emblem, das im Durchgang zwischen den beiden Innenhöfen hinter Glas angebracht ist. Es ist das Wappen Karls V.: der Adler der Habsburger, flankiert von den Säulen des Herkules, die von einem Schriftband mit dem Leitspruch *Plus Ultra* (immer weiter) umwunden sind.

Harmonisch und friedvoll sind die beiden doppelstöckigen **Arkadenhöfe** mit Orangenbäumen und Brunnen. Hier legen Studenten der Universität zwischen den Vorlesungen gern eine Pause ein.

54 Casa Milà

La Pedrera

Top Tipp *Fels in der weder Tag noch Nacht ruhenden Brandung der Eixample.*

Passeig de Gràcia 92
Tel. 902 20 21 38
www.fundaciocaixacatalunya.org
März–Okt. tgl. 9–20,
Nov.–Febr. tgl. 9–18.30 Uhr
Metro L3, L5: Diagonal

Im Anschluss an die Casa Batlló [Nr. 51] baute *Gaudí* [s. S. 87] die Casa Milà (1906–

10), ein gewaltiges Eckhaus, das aus zwei Gebäuden und zwei Innenhöfen besteht. Es ist das letzte und berühmteste der von Gaudí entworfenen Wohnhäuser. Hier erreichte sein plastischer Gestaltungswille, der sich bisher auf eine individuelle Interpretation des Modernisme beschränkt hatte, eine expressionistische Dimension. Im Gegensatz zur Casa Batlló ist die Casa Milà kein dekoratives, farbenfrohes Gebilde, sondern ein wuchtiger, expressiver Körper, eine große organische Form. Nicht zufällig heißt das Gebäude allgemein *La Pedrera*, der Steinbruch. Die wellenartig bewegte Kalksteinfassade erinnert an eine ausgewaschene Felswand, an die sich die Balkone wie Pflanzenpolster klammern.

Gaudí war allerdings nicht nur ein Meister origineller Gestaltung. Sein zweites großes Anliegen war es, durch funktionsgerechtes Bauen den Bewohnern seiner Häuser ein Höchstmaß an Komfort zu bieten. Die Wohnungen der Casa Milà besitzen individuell gestaltbare, häufig asymmetrische Grundrisse. Auf tragende Wände innerhalb der Wohnbereiche wurde soweit wie möglich verzichtet. Die Fassade ist nur vorgehängt und mit Zugankern befestigt. Das Gebäude selbst ruht auf Steinsäulen und Stahlträgern. Statt der repräsentativen Treppe und der engen Lichtschächte zog Gaudí zur besseren Belichtung und Belüftung die beiden großen Innenhöfe ein. Es gibt kein gemeinsames Treppenhaus, die Wohnungen können mit dem Aufzug oder über die Hintertreppe erreicht werden.

Die Casa Milà wurde 1984 als erstes Gebäude des 20. Jh. von der UNESCO zum Weltkulturerbe erklärt. Heute ist sie Eigentum der *Caixa de Catalunya*, der katalonischen Sparkasse, die weite Teile des Komplexes für die Öffentlichkeit zugänglich gemacht hat. Wahlweise mit dem Aufzug oder über die Treppe geht es hinauf auf das **Dach**, das sich als fantastischer Skulpturengarten entpuppt. Dicke und dünne Türme mit seltsamen Köpfen, im Volksmund Hexenschreck genannt, verbergen Kamine und Lüftungsschächte. Interessant ist die Dachstuhlkonstruktion mit Parabolbögen, in die in den 1950er-Jahren Apartments eingebaut wurden. Heute informiert in diesen Räumen eine Ausstellung mit Videos, Zeichnungen, Fotos und Modellen über Antoni Gaudís Leben und Werk. Anschließend durchstreift man im 4. Stock eine komplett im großbürgerlichen Stil der 1920er-Jahre eingerichtete Wohnung. Abschließend besteht die Möglichkeit, im 1. Stock Wechselausstellungen zeitgenössischer Kunst zu besuchen.

Reise-Video Casa Milà
QR-Code scannen [s.S.5] oder dem Link folgen: www.adac.de/rf0102

Ein beständiges Auf und Ab: die fantastisch-skurrile Dachlandschaft der Casa Milà

Josep Puig i Cadafalch kombinierte am Palau Baró Quadras Mittelalter und Jugendstil

55 Casa Fuster

Gewaltig auftrumpfender Abschluss der Prachtstraße.

Passeig de Gràcia 132
Tel. 932 55 30 00
www.hotelcasafuster.com
Metro L3, L5: Diagonal

Die Casa Fuster (1909–11), seit Hotel Casa Fuster, nimmt aufgrund der Lage eine Sonderstellung ein, denn das Eckhaus beschließt den prachtvollen Passeig de Gràcia und gehört mit seiner Nordfassade bereits zum schmaleren Carrer Gran de Gràcia. *Lluís Domènech i Montaner* verstand es, diesen Gegebenheiten geschickt Rechnung zu tragen. Mit Balkonen und lang gezogenen Erkern gab er den Fassaden ein enormes Volumen, mit einem runden Turm, der vom ersten Obergeschoss bis zum Dach aufsteigt, betonte er die Ecksituation. Insgesamt verwendete er plastisch besonders stark durchgebildete, schwere Einzelformen, eine rauschende Zusammenstellung von gotischen Formen und Renaissanceelementen sowie Zitate von seinen anderen Bauten. Da gibt es gedrungene Rotmarmorsäulen mit dicken, knorpeligen Blüten anstelle der Kapitelle im Erdgeschoss, Doppelsäulen für die Balkone der Beletage mit kräftig gerollten Volutenkapitellen. Die Sockelplatte des Turmes gleicht einem überdimensionalen Blütenboden. Die Fensterrahmen der Obergeschosse sind gotisierende Dreipassböden. An der Nordfassade zum Carrer Gran de Gràcia ist die Dekoration etwas zurückhaltender, wirkt straffer, flächiger und schlichter, entsprechend dem zurückhaltenderen Ambiente dort.

Das Hotel Casa Fuster bietet seinen Gästen nicht nur luxuriöse Übernachtungsmöglichkeiten in modernistischem Ambiente. Im Jazz Club *Café Vienés* gibt es donnerstagsabends häufig Livemusik.

56 Casa Comalat

Ein Haus mit zwei Gesichtern: das eine ein Nachhall der Casa Batlló, das andere eine Musterschau spanischer Baukeramik.

Avinguda Diagonal 442 und
Carrer Còrsega 316
Metro L3, L5: Diagonal

Auch die Casa Comalat (1909–11) gehört zu den großen Glanzstücken des Modernisme. Die Hauptfassade an der Avinguda Diagonal entwarf der Architekt *Salvador Valeri i Pupurull* als eine repräsentative, aber insgesamt etwas schmalbrüstiges Wandtableau. Der untere Teil mit seinen Balkonen und knochenähnlichen Säulchen verrät deutlich den Einfluss Gaudís. Diesem verbunden ist auch die schwungvolle, kuppelige Dachform mit leuchtend grünen Ziegeln, die an eine bunte Mütze erinnert. Der Giebel wiederum ist festlich bekränzt mit Blumengirlanden von üppiger Fülle.

Die Fassade zum Carrer Còrsega hingegen war dem Repräsentationsbedürfnis weniger unterworfen und wirkt daher viel origineller. Wie ein mächtig gebauchter, hölzerner Riesenerker wölbt sie sich vom ersten Obergeschoss bis hinauf zum Giebel schwungvoll aus der Fläche hervor. Faszinierend ist das abwechslungsreiche Formspiel der Jalousien und hellen Keramikmosaiken, die sich friesartig über die gesamte Fassade ziehen und gewissermaßen als breites Schmuckband in der Mitte herabhängen.

57 Casa Asia

Asiatische Kunst und Kultur in einem märchenhaften Palast.

Diagonal 373/Carrer Roselló 279
Tel. 933 68 08 36
www.casaasia.es
Di–Sa 10–20, So 10–14 Uhr
Metro L3, L5: Diagonal

Josep Puig i Cadafalch gestaltete 1904–06 ein bereits bestehendes Gebäude für den Baron Quadras um, daher auch der ursprüngliche Name *Palau Baró Quadras*. Heute kann man hier weit über den Rand des europäischen Kontinents hinausblicken auf die Kulturen Asiens. Regelmäßige Wechselausstellungen und Vorträge über die verschiedensten Regionen des Fernen Ostens bilden ein interessantes Kontrastprogramm zu den katalanischen Attraktionen Barcelonas.

Zugleich ist aber auch der Palast an sich äußerst sehenswert. An der Hauptfassade ließ Cadafalch seiner Vorliebe für die mittelalterliche Baukunst des Nordens freien Lauf. Für Barcelona ungewöhnlich ist das Steildach mit vier dicht gedrängten Dachgauben aus dunklem Holz. Ein breiter Erker, der im oberen Teil mit feinster Steinmetzarbeit geschmückt ist, markiert das Hauptgeschoss. Was von Weitem wie ein Wappenfries wirkt, entpuppt sich aus der Nähe als eine Reihe mittelalterlich gekleideter Paare. An der rechten Seite des Erkers drängt der Erzengel Michael die Verdammten mit seinem Flammenschwert in den Höllenschlund, links wehrt der hl. Georg den heraufkriechenden Drachen ab – das Lieblingsmotiv Puig i Cadafalchs.

Von dem kleinen Innenhof führt eine Treppe ins Obergeschoss. Hier gibt es zwei prachtvolle Säle, in denen gotische, antikisierende und arabisierende Stilelemente zu einer originellen, ganzheitlichen Dekoration zusammenfließen. Im ersten Saal mit kostbarer Holzdecke befindet sich ein gewaltiger Kamin wie ein feuersaugender Schlund. Er trägt das schmiedeeiserne Wappen der Quadras. Der zweite Saal gibt sich ›maurisch‹ mit verschränkten Fächerbögen sowie über und über ornamentierten Säulen.

58 Casa Terrades

Wuchtige Burgtürme, nadelspitz behelmt, bieten Patrizierhäusern Schutz vor der Großstadt.

Avinguda Diagonal 416–420 –
Carrer Bruc 141–143 –
Carrer Rosselló 260–262
Metro L3, L5: Diagonal

Auf drei Grundstücken errichtete *Josep Puig i Cadafalch* 1903–05 den riesigen, frei stehenden, heftig mit der Gotik liebäugelnden Gebäudekomplex der Casa Terrades – sein bekanntestes Werk. Das auch Casa de les Punxes genannte Gebäude erscheint als lebendige, abwechslungsreiche Reihe hoher schmaler Häuser mit steilen Giebeln und nadelspitzen Aufsätzen, daher auch die Bezeichnung ›Haus der Spitzen‹. Zur Avinguda Diagonal hin ist die Mitte der Häuser jeweils durch dreigeschossige Erker akzentuiert. An beiden Seitenfassaden erscheinen an deren Stelle schöne Schmiedeeisenbalkone. Puig i Cadafalch verwendete nur für den Sockel Naturstein, der Rest ist Backsteinmauerwerk, meisterhaft zur Detailgestaltung eingesetzt. Die Hauseingänge etwa haben weder gerade Türstürze noch einen Torbogen, vielmehr dreieckige Öffnungen aus abgetreppten Ziegellagen. Die sechs Ecken des unregelmäßig geschnittenen Grundstücks gewinnen durch sechs Rundtürme eigenes Leben. Der höchste und prächtigste ist der Südturm mit einer steinernen Krone über dem weit ausladenden Helm. Der Turmansatz ist durch raffiniert geschichtete Ziegellagen betont.

59 Palau Ramón de Montaner

Ein italienisch anmutender Palast, der in die schmückenden Hände des Jugendstils fiel und nun mit Keramikbildern prangt.

Carrer de Mallorca 278
www.rutadelmodernisme.com
Führungen Sa/So 10.30, 11.30, 12.30, Sa 10.30 Uhr (engl.)
Metro L2, L3, L4: Passeig de Gràcia

Das frei stehende, dreigeschossige, im Vergleich zur Umgebung jedoch niedrige Haus ist eines der wenigen erhaltenen Beispiele aus der Frühphase der Eixample-Bebauung (1889–93). Der Auftrag ging an *Josep Domènech i Estapà*, der das Erdgeschoss in eklektizistischen Formen errichtete. Dann kam es zu einem Zerwürfnis mit dem Bauherrn, und *Lluís Domènech i Montaner* führte das Projekt weiter. Die beiden Obergeschosse belegen erneut die expressive Ausdruckskraft dieses Architekten, der die heitere Sprache des Jugendstils ebenso beherrschte wie die Regeln des Funktionalismus. Die Hervorhebung des Mittelteils der Fassade im Carrer de Mallorca und das weit vorspringende Dach erinnern an die italienische Palastbaukunst. Ganz dem Geiste des Modernisme entspricht der intensive Einsatz kunsthandwerklicher Techniken. Es gibt kupferfarben blitzende Fliesen und zwischen den Fenstern im obersten Geschoss herrliche Keramikbilder. Ein Schmuckstück ist auch der schmiedeeiserne Gartenzaun im Carrer de Llúria mit hohen, blüten- und ornamentüberrankten Pfosten und einem wie Drachenflügel geformten Tor.

60 Casa Macaya

Eine Jugendstilvariante des gotischen Palastes.

Passeig de Sant Joan 108
Metro L4, L5: Verdaguer

Kurz nach der Casa Amatller [Nr. 50] baute *Josep Puig i Cadafalch* die Casa Macaya. Hier wie dort gibt es den kräftig skulptierten Erker mit gedrehten Säulen und den Balkon mit knorpelig-vegetabiler Brüstung. Die Dachzone allerdings erfuhr einige grundlegende Änderungen. Anstelle der Treppengiebel gibt es nun eine gestaffelte Front weit vorspringender Dächer – einen niedrigen Mittelteil und turmartig erhöhte Seitenteile.

Die Kapitelle in den beiden reich dekorierten Portalen stammen von dem Bildhauer *Eusebi Arnau*. Er flocht in den vorgeblich spätgotischen Rahmen muntere

Der Hochhausturm Torre Agbar erstrahlt nachts im bunten Licht von 4500 Leuchtdioden

Blau-Weiße Ornamente zieren die Fassade der einzigen Jugendstil-Arena der Welt

Alltagsszenen ein. Wunderbar sind die Darstellungen der verschiedenen Arten des Reisens: Der Bauer schaukelt auf einem Ochsen dahin, der Städter thront auf seinem flinken Drahtesel.

Der Innenhof strahlt in lichten Farben. Puig i Cadafalch hielt ihn ganz in Weiß-Gelb und überzog weite Teile der Wände und Decken mit *Esgrafiados*, ornamentalen Wandmalereien, deren Umrisse in den Putz geritzt werden. Bezaubernd ist die Vielfalt der Ornamentformen. Die hohen schmalen Fenster haben arabisierend abgetreppte Rahmen. Die schmiedeeisernen Gitter bestehen aus stachligen Pflanzen. Kräftige Blumen umwinden die Kapitelle und Säulenschäfte.

61 La Monumental, L'Auditori und Torre Agbar

Erinnerungen an Männlichkeitskult, viel Musik und Moderne.

Metro L2: Monumental, L1: Marina oder Glòries

Die Stierkampfarena **La Monumental** (Gran Via de les Corts Catalanes 749) mutet in der aufgeregten Umgebung einer Großstadt fremdartig an: dunkle, massige Backsteintürme, maurische Zwillingsfenster, eiförmige Kuppeln hinter den Turmzinnen, blendend weiße Fliesenflächen, von blauen geometrischen Mustern durchbrochen. Summe dieser Formen ist die einzige Jugendstil-Arena der Welt. Wie so viele andere Bauten in der Eixample war auch sie kein Neubau. Zwei Jahre nach ihrer Einweihung erwies sich die Arena als zu klein, sodass die Architekten *Ignasi Mas Morell* und *Domènec Sugrañes Gras* 1916 mit der Erweiterung beauftragt wurden. Im September 2011 fand hier die letzte Corrida statt, denn seit 2012 sind Stierkämpfe in Katalonien verboten.

Weiter südöstlich erhebt sich unweit des Teatre Nacional de Catalunya [s. S. 123] das **L'Auditori** (Carrer Lepant 150, Tel. 932479300, www.auditori.cat). Architekt *Rafael Moneo* entwarf den 1999 eröffneten futuristischen Konzertbau, in dem ein weites Spektrum von klassischer bis moderner Musik dargeboten wird. Im selben Komplex ist auch das **Museu de la Música** (Tel. 932563650, www.museumusica.bcn.cat, Mo, Mi–Sa 10–18, So 10–20 Uhr) untergebracht, das eine umfangreiche Instrumentensammlung präsentiert.

Die nahe Plaça de les Glòries Catalanes wird seit 2004 vom 142 m hohen **Torre Agbar** (www.torreagbar.com) des französischen Architekten *Jean Nouvel* überragt. Er ist Verwaltungssitz der städtischen Wasserwerke. Nachts lassen 4500 Leuchtdioden den augenzwinkernd Gurke oder Zäpfchen genannten Turm in kunterbunten Farben erstrahlen.

Von der Avinguda de Gaudí zum Parc Güell – gebaute Utopien

Barcelona ist eine Stadt der scharf kalkulierenden Kaufleute, der Bankiers und Immobilienmakler. Ein Sprichwort sagt, der Katalane verstehe es, Steine in Brot zu verwandeln. Zugleich ist Barcelona auch eine Stadt der hochfliegenden Ideen und der Utopien. Eine der bekanntesten ist Cerdàs Plan für das Viertel Eixample, eine demokratische Stadterweiterung. Eine andere ist *Gaudís* Idee für die riesige Kirche **Sagrada Família**, die zu Beginn des 20. Jh. entwickelt wurde. Zu diesem noch immer im Bau befindlichen Gotteshaus strömen heute Besucher aus aller Welt. In der Nähe wurde eine gewaltige Krankenhausanlage in grandiosestem Jugendstil errichtet, die damals modernsten Erfordernissen gerecht wurde, und es gab sozialutopische Ansätze zu einer Stadt im Grünen, aus der Gaudís weitläufige Anlage des **Parc Güell** hervorging.

62 Avinguda de Gaudí

Der Boulevard verbindet zwei der bedeutendsten Bauten des Modernisme.

Metro L2, L5: Sagrada Família

Die Avinguda de Gaudí wurde bei der Umgestaltung und Erneuerung Barcelonas ab 1980 weitgehend verkehrsberuhigt und durch Plätze und Parks verschönt. Seitdem fungiert sich quasi als Rambla dieses Viertels. Die Mitte des Boulevards, in Höhe des Carrer Castillejos, ziert seit 1985 die Skulptur *El bon temps perseguint la tempesta* (Das schöne Wetter folgt auf den Sturm) von Apel.les Fenosa. Sie besteht aus zwei Bronzefiguren, ein Engel mit ausgestreckten Armen und mächtigen Schwingen folgt einem grotesken mehrarmigen Wesen mit wehender Kleidung.

Die wichtige städtebauliche Funktion des Straßenzuges liegt schon allein darin begründet, dass er die bedeutendsten Bauten der beiden größten Architekten des Modernisme verbindet: Am Beginn der Avinguda steht die *Sagrada Família*, das Hauptwerk Gaudís, den Abschluss bildet das *Hospital de Santa Creu i Sant Pau* [Nr. 64], das Hauptwerk von Lluís Domènech i Montaner.

La Sagrada Família: Antoni Gaudís spektakuläres Lebenswerk ist Wahrzeichen Barcelonas

63 Sagrada Família

TOP TIPP

Gaudís berühmtestes Gebäude, sein Lebenswerk – ›eine Predigt in Stein‹.

Carrer de Mallorca 401
Tel. 932 07 30 31
www.sagradafamilia.cat
April–Sept. tgl. 9–20,
Okt.–März tgl. 9–18 Uhr
Metro L2, L5: Sagrada Família

Francisco del Villar, der erste Architekt der Sagrada Família, hatte sie als neogotische Kathedrale geplant, er stellte jedoch nur Teile der Krypta fertig, bevor er 1883, ein Jahr nach Grundsteinlegung, aus dem Amt schied. Damals übernahm *Antoni Gaudí* [s. S. 87] die Bauleitung, und ab 1911 widmete er sich ausschließlich diesem gewaltigen Projekt, das zugleich als sein überragendes Lebenswerk gilt. Gaudí hatte für die Sagrada Família, die Kirche der Heiligen Familie, eine Bauzeit von zwei Jahrhunderten veranschlagt, doch angestrebt ist heute die Fertigstellung bis 2026, zum hundersten Todesjahr des berühmten katalanischen Architekten.

Die Baukosten übrigens wurden und werden bewusst nur durch Spenden finanziert. Interessant ist auch, dass Gaudí keinen Gesamtentwurf hinterließ, denn er meinte, künftige Generationen sollten ein Mitspracherecht an der Gestaltung dieses gigantischen Gebäudes haben. So sind nur Teilmodelle, verschiedene Ent-

Magische Raumwirkung – der steinerne Stützenwald im Inneren der Sagrada Família

würfe und eine Übersicht zur religiösen Symbolik der Kirche erhalten.

Von den achtzehn **Türmen**, welche die Heilige Familie symbolisieren, existieren bereits acht, über den beiden vollendeten Fassaden je vier Aposteltürme mit Lift zu den Aussichtsetagen, vier weitere kommen über die Südfassade. Im Zentrum wird als höchster der Christusturm (170 m) stehen, umringt von vier Evangelistentürmen und begleitet vom 125 m hohen Turm der Muttergottes.

Die **Ostfassade**, ein Meisterwerk des Modernisme, trägt noch die Handschrift Gaudís, das Skulpturenprogramm ist der Vita Christi gewidmet. Besonders schön sind die Tierfriese in den Gewänden. Die *Portale* thematisieren Liebe (dargestellt ist die Geburt Christi), Hoffnung (Flucht nach Ägypten und bethlehemitischer Kindermord) und Glaube (der predigende Christus, Elisabeth, Zacharias, Maria und Joseph). Über den Portalen löst sich die Fassade immer mehr aus der Fläche, kommt in Bewegung, gewinnt an Plastizität und wird so selbst zur Skulptur.

Die **Passionsfassade** im Westen wiederum zeigt die klaren, strengen Linien der Moderne. Unter ihrer hohen zeltartigen Vorhalle öffnen sich drei Portale. Die Skulpturengruppen (ab 1987) von *Josep Maria Subirachs* zur Leidensgeschichte Christi bestehen aus metallisch scharf geschnittenen Figuren voll volkstümlich-naivem Pathos. In der unteren Portalzone sieht man Christus hinter der Geißelsäule, weiter oben erscheint er als Kreuzträger auf dem Weg nach Golgatha und darüber steht die Kreuzigung.

Die **Südfassade**, deren erste Entwürfe von 1916 stammen, ist als Hauptschauseite geplant, befindet sich allerdings derzeit noch im Bau. Ihr Bild- und Figurenprogramm wird die himmlische Glorie thematisieren.

Das **Innere** der fünfschiffigen Basilika mit dreischiffigem Querhaus wurde 2010 vollendet und geweiht. Der imposante Kirchenraum entfaltet sich wie ein fantastischer Märchenwald mit unzähligen schlanken Säulen und bis zu 75 m hoch aufragenden Gewölben, deren Strukturen an das Ast- und Blattwerk von Baumkronen erinnern. Tatsächlich war Gaudís größtes Vorbild die Natur mit ihren eleganten, schwerelos wirkenden Strukturen. Gaudí schwebte die Sagrada Família nicht zuletzt als gewaltige, von innen heraus leuchtende Farbkomposition vor. Jedes Bauteil erstrahlt in der liturgischen Farbe, die seiner symbolischen Funktion im Gesamtkomplex entspricht.

In der Krypta dokumentiert das **Museu de la Sagrada Família** anhand von Plänen, Modellen und Fotos die Errungenschaften Antoni Gaudís. Eine konservativere Sprache sprechen die ursprünglichen Pläne für die Sagrada Família von Francisco del Villar. In einer der *Kapellen* der Krypta ist Gaudí auch bestattet. Seine Grabplatte befindet sich zu Füßen einer Marienstatue.

Reise-Video
La Sagrada Família
QR-Code scannen [s.S.5]
oder dem Link folgen:
www.adac.de/rf0099

64 Hospital de Santa Creu i Sant Pau

Einzigartiger Jugendstil-Klinikkomplex, heute Universitätsklinik.

Carrer de Sant Antoni Maria Claret 167
Tel. 933 17 76 52
www.santpau.es
Besichtigung während der bis ca. 2014 laufenden Sanierungsarbeiten nur mit Führung tgl. 10–13 Uhr, zu jeder vollen Stunde auf Englisch
Infocenter: tgl. 9.30–13.30 Uhr
Metro L5: Hospital de Sant Pau

Auf einer Fläche von 10 ha errichtete *Lluís Domènech i Montaner* ab 1902 ein weitläufiges Krankenhaus. Geschickt vereinte er beste Jugendstil-Architektur mit modernsten technischen und hygienischen Einrichtungen und Organisationsstrukturen. Das Projekt fußte auf der Idee britischer Gartenstädte. Domènech bettete 48 große Pavillons für die verschiedenen medizinischen Abteilungen in eine weitläufige Parklandschaft. Die Verbindungsgänge zwischen den Gebäuden sind, wie auch alle technischen Einrichtungen, unter die Erde verlegt. Seit 1997 zählt das Areal zum UNESCO-Weltkulturerbe.

Schon von Weitem sieht man das Hauptgebäude, hoch und schmal, bekrönt von einem Uhrtürmchen und durchbrochen von drei Achsen riesiger Rundbogenfenster, eher Durchgang als Zentrum. Den Eintretenden begrüßt eine pathetische Skulptur der Barmherzigkeit: Unter der Büste des Bauinitiators Pau Gil sitzt eine Frau, an die sich ein kranker Mann und ein Mädchen schmiegen. Die Eingangshalle mit Muldengewölben und gedrungenen Säulen wirkt mittelalterlich, aufgelockert durch üppige Blattkapitelle sowie helle Fliesen in Rosa und Hellblau. Die Skulpturengruppe links vor der Treppe mit dem seinen Mantel teilenden hl. Martin ist ebenfalls eine Kombination aus Mittelalter und Modernisme.

Hinter dem Hauptgebäude stehen die ersten Pavillons. Sie bieten eine fantastische Mischung mittelalterlicher und arabisierender Bau- und Schmuckformen, vereint unter dem weiten Mantel des Jugendstils: farbige Kuppeln, minarettartige Türme, ein Wegkreuz und vieles andere mehr.

Der katalanische Bankier Pau Gil hatte in seinem Testament den Bau eines Krankenhauses verfügt. Aus seinem Nachlass wurde ein großes Gelände, angrenzend

Gaudí – Barcelonas Vorzeigearchitekt

Im Jahre 1852 erblickte Antoni Gaudí i Cornet in der Provinzstadt Reus, südwestlich von Tarragona, das Licht der Welt. Der junge Katalane studierte und baute fast ausschließlich in Barcelona. Er und seine architektonischen Mitstreiter, darunter die Baumeister Domènech i Montaner und Puig i Cadafalch, setzten die Highlights in das strenge Raster der Eixample, Barcelonas Stadterweiterung. Gaudí konnte es sich leisten, verschwenderisch und innovativ zu bauen. Sein Geld- und Auftraggeber war das Großbürgertum Barcelonas, darunter auch Gaudís Freund und Mäzen, der Textilfabrikant Graf Eusebi Güell, der ihn in die vornehme Gesellschaft einführte.

Die Inspiration für die Gestaltung seiner Wohnhäuser und Villen, seiner Gartensiedlungen und Kirchen suchte Gaudí in der Vielgestaltigkeit der Natur. Er liebte geschwungene Konturen, Schlangenlinien, reichen Ornamentschmuck und entwickelte neue Theorien über die Stütztechnik. Auch die Innenausstattung vieler Bauten übernahm Gaudí selbst. Mit Vorliebe schmückte er seine Bauwerke mit Holzeinlegearbeiten, skurrilen Möbelstücken, bunten Glastüren, Keramik- und Eisenverzierungen.

Beispiele seines Wirkens sind über die ganze Stadt verteilt. Höhepunkt ist jedoch zweifellos die **Sagrada Família** [Nr. 63], die bis heute nicht vollendete Sühnekirche, der Gaudí die letzten zwölf Jahre seines Lebens widmete, bis er 1926 nach einem Straßenbahnunfall im Antic Hospital de Santa Creu i Sant Pau [Nr. 45] starb.

Der Jugendstilkomplex des Hospitals ist ein Potpourri mittelalterlicher und arabischer Formen

an die Eixample, erworben. In den Jahren 1902–11 konnte nur ein Viertel der vorgesehenen Arbeiten bewältigt werden, dann war das ausgesetzte Legat erschöpft. Man beschloss daher, das alte Hospital de Santa Creu i Sant Pau [Nr. 45] aus der Altstadt zu verlegen und mit diesem Krankenhaus zu verbinden. Aus seinen Mitteln sollten die restlichen Grundstücke erworben und das Projekt fertiggestellt werden. 1912 begann damit die zweite Bauphase des Hospitals. Nach dem Tod von Lluís Domènech i Montaner 1923 führte sein Sohn *Pere Domènech i Roura* die Arbeiten weiter. Am 16. Januar 1930 übergab Alfonso XIII. das neue Krankenhaus seiner Bestimmung.

65 Parc Güell

TOP TIPP

Fantasievolle katalanische Gartenstadt.

Haupteingang am Carrer d'Olot
www.bcn.cat/parcsijardins
tgl. 10 Uhr bis zur Dämmerung
Metro L3: Lesseps, dann 20 Min. Fußmarsch; Bus 24, 31, 32, 74: Travessera de Dalt Larrad, dann 10 Min. Fußmarsch

Graf Eusebi Güell, der Mäzen und Freund Antoni Gaudís, war ein begeisterter Anhänger des damals populären Konzepts der englischen Gartenstädte. 1900 beauftragte er Gaudí mit dem Bau einer solchen Wohnkolonie auf dem Hügel *Muntanya Pelada*. Gaudí teilte die vorhandenen 15 ha in rund 60 dreieckige Parzellen auf, die zusammen ein großes Quadrat ergeben sollten, und sah den Rest des Grundstückes für Parkanlagen und Gemeinschaftseinrichtungen vor. Von den Parzellen konnten jedoch nur zwei verkauft werden, eine an Gaudí selbst, die andere an einen Freund. Der finanzielle Misserfolg zwang Güell und Gaudí, ihr Projekt 1914 aufzugeben. In den 1920er-Jahren öffnete die Stadt den Park dann für die Allgemeinheit. 1984 erklärte ihn die UNESCO zum Weltkulturerbe.

Eine hohe Mauer mit sieben Toren umgibt den Park. Der Haupteingang im Carrer d'Olot wird von zwei ovalen *Pavillons* gerahmt, links Pförtnerhaus mit Souvenirshop, rechts Verwaltungsgebäude mit Café. Wieder zeigt sich Gaudís Bestreben, Natur und Architektur zu verbinden. Wie große Pilze mit auslappenden, bizarr hochgezogenen Kappen wachsen die beiden Häuschen aus der Natursteinmauer. Durch das schmiedeeiserne Tor, verziert mit Gaudís typischem Palmblattmotiv, führt der Weg zu einer geschwungenen *Treppenanlage*, unterteilt von Pflanzbecken und zwei Brunnen. Aus dem einen ragt ein bunter Schlangenkopf hervor, aus dem anderen reckt sich eine riesige gesprenkelte Echse empor.

Über die Treppe gelangt man in eine weite *Säulenhalle*, die als Markthalle geplant war. Die 86 dorischen Sandsteinsäulen sind schräg gestellt und innen hohl. Sie dienen als Fallrohre für Regenwasser, das in eine Zisterne weitergeleitet wird, aus der auch die Brunnen des Treppenaufganges gespeist werden. Das Dach der Markthalle ist gleichzeitig ein großer Platz. An seinem Rand windet sich die berühmte *Schlangenbank* entlang, gänzlich von farbigen Kachelbruchstücken und Glassplittern bedeckt. Von hier oben genießen zahllose Besucher aus aller Welt den Ausblick auf das elegante Häusermeer von Barcelona.

Ein paar Schritte weiter steht das Musterhaus, in das Antoni Gaudí 1906 eingezogen war. Als **Casa Museu Gaudí** (Tel. 932 19 38 11, www.casamuseugaudi.org, April–Sept. tgl. 10–20, Okt.–März tgl. 10–18 Uhr) präsentiert es heute Mobiliar und Wohnaccessoires aus einigen Häusern, die Gaudí gebaut und ausgestattet hat.

Reise-Video
Parc Güell
QR-Code scannen [s.S.5]
oder dem Link folgen:
www.adac.de/rf0106

Die wohl berühmteste Sitzgelegenheit Barcelonas: die Schlangenbank im Parc Güell

Gaudís Märchenwelt – eine fröhlich-bunte Echse schmückt die Treppenanlage im Parc Güell

Montjuïc – Museumsvielfalt am Hausberg Barcelonas

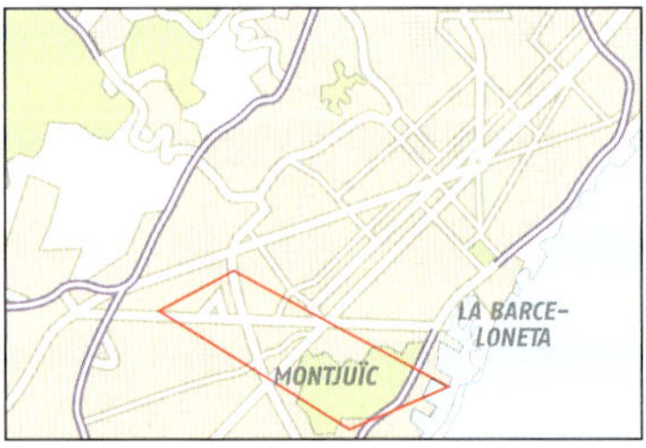

Montjuïc und Tibidabo sind die markantesten Kuppen einer Hügelkette, die den Rahmen Barcelonas bilden. Gleichzeitig bieten sie dem Großstädter grüne Erholungsgebiete und den Blick auf das Meer und in die Berge.

Das wohl reizvollste Angebot des Montjuïc sind seine Museen unter schattigen Bäumen: Da gibt es mit der **Fundació Joan Miró** eine Sammlung für moderne Kunst, ferner das für seine mittelalterlichen Fresken aus den Kirchen der Pyrenäen berühmte **Museu Nacional d'Art de Catalunya**, das **Museu d'Arqueologia** zur Besiedlungsgeschichte Kataloniens sowie das **Museu Etnològic** mit Exponaten verschiedener Völker der Erde. Im **Poble Espanyol**, dem Spanischen Dorf, sind alle Regionen des Landes mit Nachbildungen berühmter Gebäude vertreten. Erlebenswert sind auch eine Reihe schöner Parks sowie die zur Olympiade 1992 entstandenen Sportanlagen.

66 Plaça d'Espanya und CaixaForum

Weiträumiges Vestibül des Weltausstellungsareals von 1929.

Metro L1, L3: Espanya

Die kreisförmige Plaça d'Espanya ist einer der verkehrsreichsten Plätze Barcelonas und Schnittpunkt der beiden größten Straßen der Stadt, der Gran Via de les Corts Catalanes und der Avinguda del Paral.lel. Im Zentrum des Platzes errichtete der Gaudí-Schüler *Josep Maria Jujol* ein **Denkmal**, eine Kombination aus Triumphtor und Tempel, mit dem Motto ›Spanien überantwortet sich Gott‹. Die weiblichen *Figuren* des dazugehörigen Brunnens verkörpern die drei Gewässer, die Spanien umschließen: Mittelmeer, Kantabrisches Meer und Atlantik.

Zwischen Carrer Tarragona und Gran Via de les Corts Catalanes steht die einstige Stierkampfarena *Arenes de Barcelona*. Schon vor Jahren stillgelegt und dann umgebaut, fungiert sie heute als Einkaufszentrum **Las Arenas** (www.arenasdebar celona.com) mit über 120 Geschäften sowie Kinos und Restaurants. Gleichfalls hier ansässig ist das **Museu del Rock** (www.museudelrock.com, Di–So 10–22 Uhr), das die Geschichte der Rockmusik von Elvis über die Beatles und Rolling Stones bis U2 und Pearl Jam aufrollt. Vom rundumlaufenden Balkon des Komplexes bietet sich ein wunderbarer Blick über die Plaça bis zum Montjuïc und zum Parc de Joan Miró auf der anderen Seite. Rechts neben der Arena glänzt ein riesiger *Schmetterling* über den Häusern in der Sonne. Der Baumeister *Josep Graner i Prat* verkleidete mit dem Falter aus Keramikbruchstücken den Giebel der **Casa de la Papallona** (Carrer Llança 20) von 1912.

Zwei 47 m hohe rote *Backsteintürme*, die den Campanile di San Marco in Venedig zum Vorbild nehmen, markieren den Beginn der **Avinguda de la Reina Maria Cristina**, einer breiten Prachtstraße, die direkt auf den Montjuïc zuführt. Sie wird gesäumt von imposanten Messehallen und endet in einer breiten Treppenanlage. Die **Font Màgica** (www.bcn.es/fonts, Mai–Sept. Do–So 21–23.30, Okt.–April Fr/Sa 19–21 Uhr), der magische Brunnen in der Straßenmitte, kulminiert in einer kreisrunden Brunnenschale. Bei Nacht verwandeln sich die Wasserspiele in einen märchenhaften Vorhang aus Wasser und Licht. Dieses technische Meisterwerk, beleuchtet von 4730 Lampen in zehn verschiedenen Farben, entwickelte der Ingenieur *Carles Buïgas* anlässlich der Weltausstellung von 1929.

Nahebei steht das **CaixaForum** (Avinguda de Francesc Ferrer i Guàrdia 6–8, Tel. 934768600, www.obrasocial.lacaixa.es, Di–Fr, So 10–20, Sa 10–22 Uhr), das in einer prächtigen, von *Josep Puig i Cadafalch* 1913 im Stil des Modernisme erbauten Fabrik untergebracht ist. Das Kulturzentrum zeigt Ausstellungen, die Künstlern wie Dalí, Rodin oder Henri Cartier-Bresson gewidmet sind. Im *Espai Montcada* werden Werke von jungen Kreativen präsentiert. Darüber hinaus locken Konzerte, Lesungen und Vorträge ein bunt gemischtes Publikum in dieses Kleinod der Industriearchitektur. Informationen zur Geschichte der einstigen Textilfabrik liefert eine kleine Dauerausstellung.

Die Plaça d'Espanya mit Brunnendenkmal und zwei venezianisch anmutenden Türmen

67 Museu Nacional d'Art de Catalunya

TOP TIPP *Die wohl größte Sammlung romanischer Wandmalereien auf der Welt.*

Palau Nacional, Parc de Montjuïc
Tel. 936 22 03 76
www.mnac.es
Di–Sa 10–19, So/Fei 10–14.30 Uhr
Metro L1, L3: Espanya

Barcelona verlor seine politische und wirtschaftliche Bedeutung im 16. Jh., zu Beginn der Neuzeit. Damals verfügten andere europäische Königs- und Fürstenhöfe schon über wertvolle Kunstsammlungen, die heute die Bestände berühmter Museen bilden. Barcelona hingegen besaß nur einige unbedeutende Kollektionen. Erst ab 1907 wurde im Museum des Parc de la Ciutadella gezielt romanische und gotische Kunst gesammelt, bis die Bestände schließlich so anwuchsen, dass man in ein größeres Gebäude auswich. 1934 wurde im spanischen Pavillon der Weltausstellung von 1929 das Museum für katalanische Kunst eröffnet. Seine Highlights sind die kostbaren Wandmalereien der **Romanik**, die in abgelegenen Kirchen und Klöstern der Pyrenäen und ihrer Ausläufer die Stürme der Zeit unbeschadet überdauert hatten. Zwei Beweggründe ließen diese außergewöhnliche Kollektion zustande kommen: Zum einen die katalanische *Renaixença* des 19. Jh., die eine intensive Beschäftigung mit der mittelalterlichen Kunst auslöste, zum anderen der Wunsch, den Verfall katalanischen Kulturgutes zu verhindern und den Ausverkauf ins Ausland zu unterbinden. Einige der Fresken waren zu dieser Zeit bereits in den Handel gelangt. In einer groß angelegten Aktion wurden die verbliebenen Malereien von den Wänden der Gotteshäuser abgenommen und im hiesigen Museum zusammengetragen.

In den *Kirchen* wurde im 10.–12. Jh. in erster Linie die Chorapsis, die Wand hinter dem Hauptaltar, mit Malereien geschmückt. In ihrer Halbkuppel thront Christus Pantokrator, der Weltenherrscher, in der Mandorla. In der linken Hand hält er das aufgeschlagene Evangelienbuch, die rechte hat er zum Segensgestus erhoben. Ihn umgeben die vier geflügelten Evangelistensymbole (Mensch, Löwe, Stier, Adler) sowie die ranghöchsten Engel, die Cherubim und Seraphim. Irdische Basis dieses ›Himmels‹ sind die zwölf Apostel, in ihrer Mitte erscheint Maria. Im untersten Register tummeln

Christus Pantokrator im MNAC – Apsisfresko des 12. Jh. von Sant Climent in Taüll

Der Palau Nacional bietet dem Museu Nacional d'Art de Catalunya einen würdigen Rahmen

sich Fabelwesen zwischen dekorativen Tüchern. Ab Ende des 12. Jh. kann auch die Muttergottes anstelle des Christus Pantokrator in der Mandorla erscheinen.

Eine der qualitätvollsten Apsisausmalungen stammt aus *Sant Quirze de Pedret* und wird auf die Zeit um 1100 datiert. In der Wölbung sieht man die thronende Muttergottes, darunter stehen links die klugen und rechts die törichten Jungfrauen. Die eleganten, in erdfarbene Gewänder gekleideten Wesen mit ihren großen Mandelaugen folgen ganz getreulich dem byzantinischen Stilkanon.

Weniger formalistisch ist das Apsisfresko des 12. Jh. aus *Santa Maria d'Aneu*. Die thronende Gottesmutter (stark beschädigt) empfängt die drei Weisen, die sich demütig mit ihren Gaben nähern. Die am besten erhaltene Figur, die des Melchior, bietet eine der seltenen Gelegenheiten, weltliche Kleidung des Mittelalters kennenzulernen. Unter den Weisen erscheinen Köpfe, umgeben von sechs gewaltigen Schwingen, die mit Augen übersät sind – die Cherubim aus der Vision des Propheten Ezechiel.

Ein Höhepunkt der katalanischen Malerei des 12. Jh. ist der Christus aus der Apsis von *Sant Climent* in Taüll. Im Zentrum einer sehr dichten und ausgewogenen Komposition thront die majestätische Figur Jesu, umgeben von den vier Evangelistensymbolen und den Cherubim. Die Textstelle im geöffneten Buch beschreibt Christus als ›Licht der Welt‹, als ihren Anfang und ihr Ende. Ungewöhnlich ist die Darstellung Mariens als alte, zahnlose Matrone im Kreise der Jünger.

Zu den Bildzyklen aus mittelalterlichen Kirchen gesellen sich auch andere sakrale Objekte wie Altarantependien und Holzfiguren. Wichtigste Themen in der Skulptur sind die thronende Muttergottes und Christus am Kreuz mit Königskrone und langem, gegürteten und farbig gefassten Gewand.

In den Sälen mit Kunst der **Gotik** liegt der Schwerpunkt auf der Tafelmalerei. Hier wird zwischen drei Schulen unterschieden: der französischen, der italienischen und der internationalen Gotik. Größtenteils sind die Meister nun namentlich bekannt und dokumentiert: Die berühmtesten in Barcelona tätigen Künstler waren *Pere Garcia de Benavarri* mit einer überraschend lyrischen Darstellung der Enthauptung Johannes des Täufers, *Bernat Martorell, Bartolomé Bermejo* und *Jaume Huguet*. In den Kirchen der Stadt finden sich noch vereinzelt Altäre von ihrer Hand. Zur Malerei gesellen sich profane Objekte wie Truhen, Brettspiele und Teile bemalter Holzdecken aus Adelspalästen.

Aus der Casa Berenguer d'Aguilar [s.S. 54] im Carrer Montcada stammt ein großes *Wandgemälde* (um 1280), das nach Art einer Chronik Bild für Bild die Eroberung Mallorcas zeigt. Fast modern mutet die Trauerszene auf dem Sarkophag (um 1300) des Sancho Saiz Carrillo an: Die Trauernden sind in sackartige, schwarz-braun gestreifte Gewänder gehüllt und raufen sich die Haare.

Mons Jovis, Judenberg, Montjuïc: Geschichte eines Berges

Seit Langem mit der Stadtgeschichte verknüpft ist der Montjuïc, der Hausberg Barcelonas. Schon in vorrömischer Zeit bestand hier eine primitive Siedlung. Die Römer nannten den Berg Mons Jovis – Jupiterberg – und bauten im 3. Jh. n. Chr. eine Verbindungsstraße zwischen ihm und dem Mons Taber, auf dem heute die Kathedrale steht. Auf dem Mons Jovis befand sich ein **jüdischer Friedhof** – Funde von alten Grabsteinen sind im Castell de Montjuïc [Nr. 71] ausgestellt – und so erhielt der Berg wohl später den Namen Judenberg.

Der Stadt im Südwesten vorgeschoben, bot der 213 m hohe, jäh zum Meer abfallende Montjuïc stets eine strategisch wichtige Position. Von hier aus wurden mittels Leuchtfeuer Signale an Schiffe ausgesandt. 1640 entstand auf der Kuppe eine erste Befestigung, die 54 Jahre später im Spanischen Erbfolgekrieg zur heutigen Festung ausgebaut wurde. Erst 1929, als in Barcelona die zweite Weltausstellung stattfand, bezog man den Montjuïc in das Stadtgebiet ein. Damals wurden auch seine weitläufigen Parks und Gärten angelegt mit zahlreichen Gebäuden für die Weltausstellung, einem Stadion und einer Schwimmhalle. Auf halber Höhe kam ein Vergnügungspark hinzu.

In der Abteilung mit Gemälden des **14.–18. Jh.** sind Meisterwerke von Francisco de Zurbarán, Jusepe de Ribera, Francisco Ribalta und Diego Velázquez versammelt. Die Sammlung *Llegat Cambó* präsentiert Gemälde von Cranach d. Ä., von Tizian, Tiepolo, Goya, Fragonard, El Greco und Rubens.

Ein weiterer Schwerpunkt liegt auf dem **Modernisme**. So sind Werke *Marià Fortunys* zu sehen, darunter Szenen aus orientalischen Bädern, Souks und Harems. Zu ihnen zählt auch das kleinformatige Bild *L'Odalisca* von 1861. Ein weiteres Hauptwerk ist das Schlachtengemälde *Batalla de Tetuan* von 1863. *Santiago Rusiñol* ist mit stimmungsvollen Bildern vertreten, die er in Paris malte. Von *Ramón Casas* gibt es intime Frauenbildnisse und Entwürfe für freche oder romantische Jugendstilplakate. Auch Werke der wichtigsten Bildhauer des Modernisme wie Josep Llimona und Pau Gargallo dürfen nicht fehlen, desgleichen Architekturmodelle und Möbel, die Gaudí für die Casa Batlló [Nr. 51] gestaltete.

Die klassische Moderne wiederum repräsentieren Gemälde von Picasso und Dalí sowie Skulpturen von Pau Gargallo. Die berühmte *Sammlung Thyssen-Bornemisza* präsentiert Arbeiten von Tàpies, Fortuny, Casas und Mir.

68 Museu d'Arqueologia de Catalunya

Schätze aus Barcelonas Vergangenheit in exquisitem Rahmen.

Parc de Montjuïc,
Passeig de Santa Madrona 39–41
Tel. 934 23 21 49
www.mac.cat
Di–Sa 9.30–19, So/Fei 10–14.30 Uhr
Metro L3: Poble Sec

Aus einem Provisorium wurde ein Dauerzustand, denn ursprünglich sollte die Sammlung des Archäologischen Museums nur vorübergehend eine Bleibe im Pavillon für grafische Künste der Weltausstellung von 1929 finden, doch bis heute breitet das Museum hier seine Schätze aus. Der Architekt *Jaume Marti i Camona* baute den Mittelraum des Pavillons effektvoll zu einem runden, sich über zwei Stockwerke erstreckenden Saal aus. Ein riesiger, bläulich schimmernder Glasstern in der Decke verbindet die beiden Geschosse miteinander und hebt ihre Be-

Ein ästhetischer Höhepunkt des Archäologischen Museums ist der Pompejanische Rundsaal

deutung als Glanzlichter des gesamten Gebäudekomplexes hervor.

Zuletzt 2010/11 wurden die Räumlichkeiten ansprechend umgestaltet und die Dauerausstellung didaktisch auf den neuesten Stand gebracht.

Der chronologisch aufgebaute Rundgang beginnt an der linken Tür des Vestibüls. ›Am Anfang war die Steinzeit‹: In eine Modellhöhle kehren gerade Jäger von ihrem Tagwerk zurück. Im Weiteren sind Werkzeuge, Grabbeigaben und Modelle verschiedener Bestattungsweisen von der Steinzeit bis zur Talayot-Kultur (1400–200 v. Chr.) zu sehen. Interessante Zeugnisse der Kultur der Karthager stammen aus der Nekropole Puig dels Molins auf Ibiza. Das bedeutendste Stück ist die *Dame von Ibiza*, geschmückt mit Diadem und Kollier. Daneben gibt es Oranten, Idole und Schmuck aus Gold und Glas. Den größten Saal nehmen *Funde aus Empúries* ein. Empúries, nördlich von Barcelona, war eine der westlichsten Kolonien Griechenlands im Mittelmeerraum. Im 2. Jh. v. Chr. wurde es römisches Militärlager und entwickelte sich später zur Stadt. Vom täglichen Leben zeugen Tongefäße, Scherben schöner schwarz-roter Keramik, Reste römischer Fresken, Glasbruchstücke und verschiedenste Geräte aus Bronze: Weihgaben, Schmuck, Öllampen, Gefäße, Hausrat und Instrumente für die Körperpflege.

Des Weiteren sind einige bemerkenswerte Statuen und frühchristliche Sarkophage aus Barcelona zu sehen. Im Obergeschoss befinden sich etruskische Sarkophage und, für den, der das Barri Gòtic bereits erkundet hat, interessante Überreste römischer Bauten von dort.

69 Museu Etnològic

Kunsthandwerk verschiedener Kulturen anschaulich präsentiert.

Passeig de Santa Madrona 16–22
www.museuetnologic.bcn.es
wegen Restaurierung bis auf Weiteres geschlossen
Metro L3: Poble Sec

Das Ethnologische Museum wurde 1948 gegründet und zog 1973 in das hiesige Gebäude mit seinem gestaffelten Raumkörper. Seit 2012 ist das Haus wegen Restaurierung geschlossen und soll als *Museu Etnològic-Col·lecció Folch* wiedereröffnet werden. Die Exponate, Kunst und Kunsthandwerk, Textilien und Kleidung, Keramik und Alltagsgegenstände aller Epochen, stammen aus Spanien, Marokko, Äthiopien, Senegal, Afghanistan, Indien, Tibet, Nepal, Japan, den Philippinen, Australien und Südamerika.

70 Fundació Joan Miró

TOP TIPP *Ein lichtes Museum eröffnet die heitere Welt des Malers Miró.*

Parc de Montjuïc, Avinguda Miramar
Tel. 934 43 94 70
www.bcn.fjmiro.es
Juli–Sept. Di–Sa 10–20, Do 10–21.30, So 10–14.30 Uhr,
Okt.–Juni Di–Sa 10–19, Do 10–21.30, So 10–14.30 Uhr
Metro L2, L3: Paral·lel, dann Funicular de Montjuïc, Bus: 50, 55, 193

Auf halber Höhe des Montjuïc, kurz vor dem Vergnügungspark, stehen die weißen Würfelhäuser des Miró-Museums gerahmt von Zypressen. Schön sind die Farb- und Lichtkontraste zwischen den weißen Baukuben, dem Grün der Bäume des umgebenden Parks und dem meist strahlend blauen Himmel. Mit dem Wind über den Hügeln entschwinden fast die Erinnerungen an großstädtische Hektik und Geräuschentfaltung zu Füßen des Hügels. An klaren Tagen scheint von hier sogar der Tibidabo greifbar nahe.

Josep Lluís Sert (1902–83), ein Schüler Le Corbusiers und einer der bedeutendsten katalanischen Architekten des 20. Jh., schuf den Bau für seinen Freund Joan Miró in den Jahren 1972–75. Er orientierte sich an der klaren Formen mediterraner Bauernhäuser und gruppierte die kubischen Gebäudeteile additiv um zwei Innenhöfe. Auch Erweiterungsbauten, wie sie 1986 und 2000 angefügt wurden, sind problemlos möglich. Das spannungsreiche Wechselspiel von Licht und Schatten, Innen und Außen, Kunst und Architektur bleibt stets erhalten.

In diesem lichtdurchfluteten Gebäudekomplex kommen die Arbeiten des berühmten Katalanen *Joan Miró* (1893–1983) ideal zur Geltung. Die fließend ineinander übergehenden Räume werden manchmal überraschend nach oben aufgebrochen oder greifen aus auf Dachterrassen, die zum Betrachten der farbigen, formal verknappten Skulpturen Mirós einladen und außerdem überwältigende Blicke über die Stadt bieten.

Die Sammlung bietet einen einzigartigen Überblick über das Œuvre Mirós: Gemälde, Skulpturen, Bühnenentwürfe,

In kraftvollen Farben leuchtet die Skulptur ›La Défense‹ (1975) in der Fundació Joan Miró

Castell de Montjuïc – die Festung aus dem 17. Jh. dient heute als Ausstellungszentrum

textile Objekte, Skizzen und Zeichnungen. Die meist starkfarbigen Werke sind aus hintersinnigen Chiffren aufgebaut, denen der Künstler poetische Titel gab wie *Entfliehendes Mädchen*, *Die Zärtlichkeit eines Vogels*, *Frau bei Nacht inmitten eines Vogelschwarmes* oder *Mond, Sonne und Stern*.

Die Idee zu einer Miró-Stiftung geht auf *Joan Prats* zurück, einen Jugendfreund des Künstlers. Er legte mit einer Schenkung, die Werke bis 1960 umfasste, den Grundstock zur Sammlung. Hinzu kamen zahlreiche Arbeiten, die Miró selbst beisteuerte, eine posthume Stiftung seiner Frau Pilar sowie die 300 Werke umfassende Privatskollektion des japanischen Galeristen Kazumasa Katsuta, die als Dauerleihgabe in der *Sala K* Platz findet. Ergänzt wird dieser Bestand durch Werke von Zeitgenossen Mirós. So sieht man hier auch den Quecksilber- oder Merkurbrunnen von *Alexander Calder*. Der Amerikaner schuf ihn 1937 für den spanischen Pavillon der Weltausstellung in Paris und schenkte ihn der Fundació Joan Miró zur Museumseröffnung. Ferner sind Wechselausstellungen mit Werken der internationalen Avantgarde zu sehen.

Im Archiv wird das gesamte grafische Œuvre Mirós aufbewahrt. Das Studienzentrum bietet eine Bibliothek, organisiert Vorträge, Konzerte und Filmabende. Die gut sortierte Museumsbuchhandlung bietet jede Menge Miró-Kataloge und andere Publikationen zur internationalen Kunstszene.

Folgt man beim Miró-Museum der Straße hügelaufwärts, gelangt man zur Seilbahn **Telefèric de Montjuïc**. Sie erspart den manchmal schweißtreibenden Aufstieg zum Castell und gewährt einen atemberaubenden Blick über die Stadt sowie auf den Parc d'Atraccions mit seiner Jahrmarktatmosphäre.

Reise-Video Fundació Joan Miró
QR-Code scannen [s. S. 5] oder dem Link folgen: www.adac.de/rf0101

71 Castell de Montjuïc

Geschichtsträchtiger Ort mit einzigartigem Ausblick.

Tel. 932 56 44 45
www.bcn.cat/castelldemontjuic
April–Sept. tgl. 9–21,
Okt.–März tgl. 9–19 Uhr
Bus: 61, Telefèric

Am höchsten Punkt des Montjuïc, über einem jäh zum Meer abfallenden Steilhang, ragt die Festung Castell de Montjuïc mit ihren sternförmigen Mauern und

Grüne Oasen am Montjuïc

Stille, blühende **Gärten** (www.bcn.cat/parcsijardins, in der Regel tgl. 10 Uhr bis zur Dämmerung) sowie großflächige Grünanlagen laden am Montjuïc zu erholsamer Rast abseits des städtischen Trubels ein. Oberhalb des Hafens erstrecken sich die **Jardins de Mossèn Costa i Llobera** (TOP TIPP) (derzeit nur mit Führung, Info-Tel. 010 in Barcelona, auch mobil), der artenreichste Tropengarten des Mittelmeerraums mit einem kleinen Teich. In unmittelbarer Nachbarschaft zur Fundació Joan Miró erfreuen die 1929 anlässlich der Weltausstellung angelegten **Jardins de Laribal** mit Wasserspielen, kleinen skulpturengeschmückten Plätzen und schattigen Pergolen. Einen Überblick über die mediterrane Pflanzenwelt erhält man im **Jardí Botànic de Barcelona** (Tel. 932 56 41 60, www.jardibotanic.bcn.es) südlich des Olympiastadions.

Bastionen auf. Die erste Burg errichteten die Katalanen 1640 mit größter Hast in nur 30 Tagen. Hier besiegten sie die Truppen Philipps IV., mussten aber bereits 1652 die Festung an den spanischen Staat übergeben. 1694 wurde sie ausgebaut, 1706 von den Truppen der Bourbonen gesprengt und schließlich im 18. Jh. von diesen noch einmal erweitert. Traurige Berühmtheit erlangte die Festung unter dem Franco-Regime, da hier auch katalanische Politiker hingerichtet wurden. Seit 1962 ist die Anlage im Besitz der Stadt, die sie zunächst als Museu Militar nutzte. 2009 wurde das Castell erneut umgebaut und dient heute als Kultur- und Begegnungszentrum sowie als Areal für Ausstellungen, die sich der Geschichte der Festung sowie des Montjuïc widmen.

72 Poble Espanyol

Ein Querschnitt aller Haustypen des Landes im Kleinformat.

Av. de Francesc Ferrer i Guàrdia, 13
Tel. 935 08 63 00
www.poble-espanyol.com
Mo 9–20, Di–Do 9–14, Fr 9–16 Uhr, Sa 9–17, So 9–24 Uhr
Metro L1, L3: Espanya

Durch eines der gewaltigen Stadttore von Avila betritt man das Spanische Dorf, das *Miquel Utrillo* und *Xavier Nogués* anlässlich der Weltausstellung 1929 erbauten. Genau wie die beiden mächtigen Rundtürme, die dieses Tor flankieren, besteht das gesamte Dorf aus originalgetreuen Nachbildungen im Maßstab 1:2. Versammelt sind besonders charakteristi-

Das schon tagsüber viel besuchte Poble Espanyol ist auch Treffpunkt für Nachtschwärmer

sche Häuser, Plätze und Straßen aus allen Regionen Spaniens. In den Gebäuden sind zudem einige interessante Handwerksbetriebe, viele Souvenirläden, Restaurants, schicke Bars, Cafés und Diskotheken sowie eine Bank untergebracht.

Zu den lebendigsten Präsentationen zählt das *andalusische Viertel*: eine verwinkelte Gasse zwischen blendend weiß getünchten Mauern, Blumenkästen mit Geranien und ein kleiner stiller Platz mit einer Mariensäule, die Plaza de la Hermandad von Córdoba. Ganz in der Nähe befindet sich eine *Glashütte*, in der die Technik des Glasblasens vorgeführt wird.

73 Pavelló Mies van der Rohe

Wallfahrtsort für Architekturstudenten aus aller Welt.

Av. de Francesc Ferrer i Guàrdia, 7
Tel. 934 23 40 16
www.miesbcn.com
tgl. 10–20 Uhr
Metro L1, L3: Espanya

Anlässlich des 100. Geburtstags von *Ludwig Mies van der Rohe* (1886–1969) wurde der deutsche Pavillon, den er für die Weltausstellung 1929 gebaut hatte, von den Architekten Ignasi de Solà-Morales, Cristian Cirici und Fernando Ramos rekonstruiert. Mies von der Rohe, der letzte Direktor des Bauhauses, entwarf das einzige mo-

Inbegriff der Moderne – den Pavelló Mies van der Rohe hatte der deutsche Bauhaus-Künstler für die Weltausstellung 1929 errichtet

In konzentrierter Versunkenheit – Bronzefigur einer tanzenden Frau von Georg Kolbe im Pavelló Mies van der Rohe

derne Gebäude der Ausstellung und fiel damit deutlich aus dem prunkvoll-historisierenden Rahmen. Zu seiner Zeit kaum beachtet, gilt der deutsche Pavillon heute als eines der Meisterwerke der Architektur des 20. Jh.

Aus schlanken Stützen, Glas und dünnen Wandscheiben komponierte der Architekt einen klarlinigen, noblen Bau und legte davor ein rechtwinkliges Wasserbecken. Ein Kunstgriff, der die ephemere Schwerelosigkeit dieses lockeren Gebildes noch unterstreicht. Es gibt keinen fest definierten Raum, Innen und Außen gehen fließend ineinander über.

Im hinteren, kleinen Wasserbecken fällt eine *Bronzefigur* von Georg Kolbe auf, eine nackte Frau mit tänzerisch erhobenen Armen, ganz in sich versunken und dennoch raffinierter Bezugspunkt in dem schwebenden Raumgefüge. Die *Onyxwand* im Inneren verleiht dem Pavillon einen Hauch von Kostbarkeit. Der *Barcelona-Stuhl*, der bedeutendste Möbelentwurf Mies van der Rohes in den späten 1920er-Jahren, war hier bereits während der Weltausstellung 1929 zugegen.

Ein knallbunter Clown vor der berühmten Skulptur ›Dona i Ocell‹ im Parc de Joan Miró

74 Parc de Joan Miró

Platzanlage unter der Obhut von Mirós ›Frau und Vogel‹.

Carrer de Tarragona – Carrer d'Aragó
www.bcn.cat/parcsijardins
tgl. 10 Uhr bis zur Dämmerung
Metro L3: Tarragona

Der Parc de Joan Miró, auch Parc de l'Escorxador genannt, gehört zu den ersten neu gestalteten Stadträumen in dem Projekt ›Neue Plätze und Parks‹ [s. S. 64]. Auf dem knapp 5 ha großen Gelände inmitten der rasterförmigen Bebauung der Eixample standen zuvor die Schlachthöfe (katalanisch Escorxador) der Stadt. Im Osten der Anlage schufen die Architekten Solanas, Quintana, Galí und Arriola einen großen gepflasterten Platz, der spielerisch Bezug auf die strengen Achsen der Umgebung nimmt. Sein Wahrzeichen ist Mirós bunte, von Keramikbruchstücken überzogene Skulptur *Dona i Ocell* (Frau mit Vogel), deren schlanke Höhe (22 m) sich heiter und gar nicht monumental gibt und in dem umgebenden Wasserbecken widerspiegelt. Kurz vor seinem Tod 1983 vollendete Miró 30 weitere, kleinere Skulpturen in leuchtenden Farben, die über das Parkgelände verstreut stehen.

Durch ein weiteres Wasserbecken vom übrigen Parkgelände mit seinen Palmen- und Pinienwäldchen abgegrenzt und nur über eine Brücke zugänglich, ist der niedrige Bau der **Miró-Bibliothek** (Carrer de Vilamarí), die auf moderne und zeitgenössische Kunst und nicht zuletzt auf das Œuvre Mirós spezialisiert ist.

75 Plaça dels Països Catalans

Ein minimalistisches Platzkunstwerk vor dem Hauptbahnhof.

Metro L3, L5: Sants Estació

Umstritten ist die Gestaltung des Vorplatzes von Sants, Barcelonas größtem und wichtigstem Bahnhof. Hier treffen die Nord-Süd-Linie der staatlichen Bahngesellschaft Renfe und die städtische Metro zusammen. Die Gleise sind in unterirdische Tunnels verlegt, über denen ein weitläufiges, hochmodernes Bahnhofsgebäude mit zwei angrenzenden Parkhäusern errichtet wurde. Die Umgebung des Bahnhofs wird durch große Straßen, einige markante Hochhäuser und niedri-

Futuristische Leuchttürme und ein stählerner Drache im Parc de l'Espanya Industrial

gere Gebäude des alten Vorortes Sants bestimmt. Die geringe Tragfähigkeit der Stahlbetonkonstruktion über den tiefer gelegten Gleisanlagen erlaubte keinerlei Bepflanzung, deshalb ist die Erde hier leider zubetoniert.

Die Architekten *Helio Piñón* und *Albert Viaplana* schmückten den weiten Bahnhofsvorplatz mit einer kühnen Installation im Stil des Minimalismus. Zwei elegante Stahlkonstruktionen, bestehend aus leichten Baldachinen auf filigranen Stützen, der eine hoch und statisch, der andere lang gestreckt und bewegt, eine sich über 85 m hinziehende, geschwungene Bankreihe aus schwarzem Granit, schräggestellte Lichtmasten, zeitweise Wasser sprühende Edelstahlrohre und große Stahlkugeln wurden zu einem lockeren Ensemble zusammengefügt. Auf diese Weise entstanden unregelmäßige offene Räume, in denen Licht und Schatten bei Tag und Nacht – dann noch verstärkt durch die Lichtanlage – eine belebende und bisweilen geradezu magische Rolle spielen.

76 Parc de l'Espanya Industrial

Ein Stahldrache und neun Leuchttürme wachen über den Park.

Carrer de Muntades – Passeig de Sant Antoni
www.bcn.cat/parcsijardins
tgl. 10 Uhr bis zur Dämmerung
Metro L3: Tarragona

Auf dem Gelände einer Textilfabrik schufen die Architekten *Lluís Peña Ganchegui* und *Francesc Ruis* 1985 mit dem bürgernahen Parc de l'Espanya Industrial den Gegenpol zu der nahen abstrakt gestalteten Plaça dels Països Catalans [Nr. 75]. Die überschaubare und mittlerweile etwas in die Jahre gekommene Anlage bietet mit Kinderspielplatz, Tischtennisplatten und Bootsverleih im Sommer diverse Möglichkeiten der Freizeitgestaltung. Wahrzeichen des Parks sind neun verfremdete *Leuchttürme* oberhalb einer lang gezogenen Freitreppe, deren Stufen hinunter zu einem großen Wasserbassin führen. Beliebt bei Kindern ist der riesige stählerne *Drache*, dessen Schwanz eine Rutschbahn verbirgt. Das Ungeheuer ist ein Werk des Bildhauers *Andrés Nagel*.

Tibidabo und Umgebung – vergnügliche Parks und stille Oasen

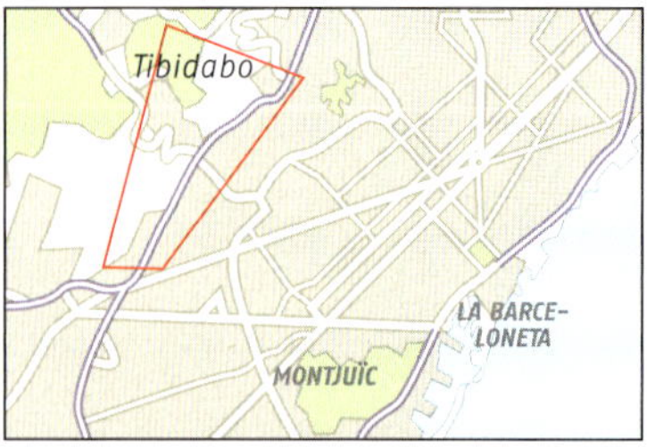

Der Tibidabo ist mit 512 m der höchste Punkt der **Collserola**, der Hügelkette, die die Stadt vor kalten Nordwinden schützt. Erklimmen lässt er sich entweder in der rumpelnden, wunderbar altmodischen **Tramvia Blau**, einer historischen blauen Straßenbahn, die zwischen der Avinguda del Tibidabo und der Standseilbahn **Funicular** pendelt, oder mit dem Auto bzw. Bus über eine kurvenreiche Straße durch Pinienwälder, vorbei an vielen Picknickplätzen. Die Bezeichnung **Tibidabo**, dir werde ich geben, stammt aus dem Volkslatein und spiegelt den unbändigen Stolz der aufstrebenden Industriestadt Ende des 19. Jh. Hier soll der Teufel Christus mit dem Versprechen versucht haben: »Dies alles werde ich dir geben, wenn du mir zu Füßen fällst und mir huldigst.« Wie es jedem Katalanen einleuchtet, bietet die Wüste von Palästina wahrlich nichts im Vergleich zu den Reichtümern Barcelonas. Wo sonst also sollte die Versuchung Jesu stattgefunden haben?

77 Tibidabo

Torre de Collserola

Berg mit schöner Aussicht und vielerlei Attraktionen.

Tibibus ab Plaça Catalunya, FGC L7: Avinguda Tibidabo, dann Tramvia Blau und Funicular del Tibidabo (variable Betriebszeiten, s. S. 127)

Gegen Ende des 19. Jh. wurde der Tibidabo von der Bevölkerung Barcelonas in Besitz genommen. Eines der Wahrzeichen dieses Berges ist die Votivkirche **El Sagrat Cor** (Tel. 934 17 56 86, www.templotibidabo.info, tgl. 10–19 Uhr). Der Grundstein des massigen neogotischen Gotteshauses wurde 1902 gelegt, Baumeister war *Enric Sagnier*. Mit dem Lift gelangt man zu einer Plattform und über einige Treppen weiter hinauf zur riesigen *Christusstatue* auf dem mittleren Kirchturm. Von hier bietet sich ein weiter Blick über das Häusermeer Barcelonas. An klaren Tagen kann man sogar den Heiligen Berg Montserrat [s. S. 126] sehen.

Der 1899 eröffnete **Parc d'Atraccions Tibidabo** (Plaça del Tibidabo, 3–4, Tel. 932 11 79 42, www.tibidabo.cat, Juli Mi–Fr 12–21, Sa/So 12–22, Aug. Mi–So 12–23, Mai/Juni, Sept. Sa/So 12–21, April, Okt. Fr/Sa 12–20, März, Nov./Dez. Sa/So 12–18 Uhr) nebenan ist der älteste Vergnügungspark Spaniens. Man zahlt keinen Eintritt, son-

Riesenrad & Co. locken auf den Tibidabo mit seiner fantastischen Aussicht über die Stadt

dern erwirbt an Automaten Tickets für die Fahrgeschäfte. Berühmt ist das 1928 installierte *Rote Flugzeug*, das man früher zum vorbereitenden Training für Luftreisende empfahl. Außerdem gibt es Kinderkarussells, ein Riesenrad, eine Geisterbahn und einen Freifallturm, der für Sekunden die Schwerelosigkeit erleben lässt. Das *Museu d'Autòmates* erfreut besonders Techniknostalgiker. Hinter der leicht angestaubten Bezeichnung Automaten-Museum verbirgt sich eine wahre Wunderwelt mit mechanischen *Puppen* und *Spielzeug* des 19. Jh.: frühe Roboter, eine riesige Eisenbahn, ein bewegliches Puppentheater und ein Roulette aus dem Jahre 1918. Figuren in Glaskästen setzen sich hier auf Knopfdruck in Bewegung.

Westlich des Vergnügungsparks ragt der 1992 erbaute Fernsehturm **Torre de Collserola** (Carretera de Vallvidrera al Tibidabo, Tel. 932117942, www.torredecollserola.com, in der Regel im Sommer Mi–So 12–14 und 15.15–20 Uhr, im Winter Sa/So 12–14 und 15.15–18 Uhr) 288 m hoch in den Himmel. Das schlanke Gebilde – ein Wunderwerk der Technik – geht auf Entwürfe des britischen Stararchitekten *Sir Norman Foster* zurück. In 115 m Höhe befindet sich eine Aussichtsplattform, von der man den Panoramablick über Barcelona genießt.

TOP TIPP

78 Parc de la Creueta del Coll

Spielen, Plantschen, Sonnenbaden im einstigen Steinbruch.

Haupteingang vom Passeig de la Mare de Déu del Coll 77
www.bcn.cat/parcsijardins
tgl. 10 Uhr bis zur Dämmerung
Metro L3: Penitens

Martorell, Bohigas, Mackay (MBM), eines der bekanntesten Architekturbüros der Stadt, zeichnet für diesen gut 3 ha großen Landschaftspark in einem dicht bebauten Vorort verantwortlich. Das Gelände zwischen Tibidabo [Nr. 77] und Parc Güell [Nr. 65] war Ödland, ein verkarsteter Hügel mit einem steil abfallenden leeren Krater, wo sich ein Steinbruch in den Berg gefressen hatte. Die Wände des Steinbruchs umfassen heute einen Teich, über dem eine riesige, von vier Stahlseilen gehaltene Betonkralle schwebt, eine Skulptur des Bildhauers *Eduardo Chillida*. Vor dieser Tarantel-Schlucht liegt etwas tiefer ein See, in dem man baden und rudern kann. Ein Wasserfall verbindet beide miteinander. Zum Sonnenbaden lädt die von Palmen bestandene Halbinsel ein. Künstlerischer Akzent des Vorplatzes ist eine Stahlstele von *Ellsworth Kelly*.

79 Parc del Laberint d'Horta

TOP TIPP *Verträumter Park mit Tempelchen, Bächen und einem Labyrinth aus hohen Thujen.*

Passeig dels Castanyers 1–17
Info-Tel. 010 (in Barcelona)
www.bcn.cat/parcsijardins
tgl. 10 Uhr bis zur Dämmerung
Metro L3: Mundet

Auf dem Weg von der Metrostation Mundet zum Parc del Laberint d'Horta passiert man zunächst das Radrennstadion und eine kleine Grünanlage. Der Dichter *Joan Brossa* versuchte hier, ein Gedicht aus den Buchseiten zu befreien und es in der Landschaft zu visualisieren. Auf einem quadratischen Platz steht zunächst ein großes A. Von ihm aus verläuft ein geschwungener, rot gesandeter Weg. Links und rechts des Pfades sind auf dem Rasen Interpunktionszeichen verstreut. Zunächst von hohen Zypressen dem Blick verborgen, endet der Weg auf einem zweiten, kleineren Platz. Das riesige A findet sich dort wieder, doch nun in Stücke geborsten, die am Boden liegen.

Hauptanziehungspunkt der Gegend aber ist der **Parc del Laberint d'Horta** am Hügel über dem Radrennstadion. Der heute 9 ha große Park wurde im 18. Jh. angelegt und bot dem katalanischen Adel Kurzweil und Mußestunden im Grünen. Den Eintretenden empfängt, halb verborgen hinter einem Gemäuer, ein romantisches *Lustschlösschen* – eine Art Maurenburg über oktogonalem Grundriss, bekrönt von zierlichen Zinnen. Hinter dem Schlösschen liegt links eine verträumte Gartenlandschaft. Geradeaus führt der ansteigende Weg hinauf in den weiten französischen Park mit Tempelchen, Bächen, Wasserbecken und dem 1792 angelegten *Labyrinth* aus hohen Thujen. In seiner Mitte wartet die Jägerin *Diana* mit dem bogenbewaffneten *Amor* auf vergnügtes, Versteck spielendes Publikum. Hüterin des Parks ist eine *Quellnymphe*. Sie ruht am Ende der Anlage in einer offenen Grotte und bewacht von hier aus die Wasser ihres Reiches.

Verirren leicht gemacht: Im Parc del Laberint ist ein guter Orientierungssinn gefragt

80 CosmoCaixa

Das Wissenschaftsmuseum nimmt den Besucher mit auf eine Reise durch die Geschichte der Erde

Carrer d'Isaac Newton 26
Tel. 932 12 60 50
http://obrasocial.lacaixa.es
Di–So 10–20 Uhr
FGC L7: Avinguda Tibidabo, Bus: 17, 22, 58, 60, 73, 75, 196

Nahe der Avinguda del Tibidabo, einen kurzen Spaziergang von der gleichnamigen Bahnstation entfernt, befindet sich das Wissenschaftsmuseum CosmoCaixa. Ein leuchtend rotes modernes Backsteingebäude empfängt den Besucher und leitet ihn weiter zum Altbau, einem lang gestreckten vielgiebeligen Komplex mit arabisierend geschweiften Fensterbögen und modernistischem Fliesendekor. Der Modernisme-Bau entstand 1904 nach Plänen von *Josep Domènech i Estapà*. Bei dem Umbau 1979–81 verbanden *Jordi Garcés* und *Enric Sòria* den Modernisme meisterhaft mit der Moderne.

Die Dauerausstellung des Museums befindet sich in den 2004 eröffneten Erweiterungsbauten von *Robert* und *Esteve Terradas*. Ein Höhepunkt der Schau ist *El Mur Geològic*, eine geologische Wand aus sieben gewaltigen Steinscheiben. An ihr wird die Wirkung des Kontinentaldrifts und die Urkraft des Wassers verdeutlicht. Gleichfalls faszinierend ist *El Bosc Inundat*, der überschwemmte Wald, eine naturgetreue Nachbildung des Regenwaldes am

Anziehungspunkt für neugierige Hobbyforscher: das Wissenschaftsmuseum CosmoCaixa

Amazonas. Auf etwa 1000 m^2 leben und gedeihen hier Tiere und Pflanzen aus dieser Region und können aus nächster Nähe betrachtet werden.

Zu diesen aufsehenerregenden Installationen kommen zahlreiche weitere Exponate, welche die Besucher zum Mitmachen einladen. Wer also auf spielerische Art und Weise mehr über Evolution, Fotosynthese oder die DNA von Pflanzen und Menschen erfahren möchte, ist hier ganz in seinem Element.

81 Col.legi de les Teresianes

Frauenkloster in einem asketisch-schlichten Bau.

Carrer Ganduxer 85
Tel. 932 12 33 54
www.teresianasganduxer.com
Besichtigung der Innenräume nur für angemeldete Gruppen
Bus: 14, 16, 70, 72

Antoni Gaudí baute das Col.legi de les Teresianes, das Ordenshaus der Theresianerinnen, 1889/90, etwa gleichzeitig mit dem Palau Güell an den Rambles [s. S. 45]. Die Mittel waren knapp bemessen, die Bauaufgabe war eine vollkommen andere. Nicht Repräsentation in prunkvollem Rahmen war das Ziel, sondern Schlichtheit und Beschränkung auf das Notwendigste. Dennoch ist das Ergebnis gleichermaßen brillant, und zeigt Ähnlichkeiten mit Gaudís Bischofspalast in Astorga.

Ist man Gaudís expressive Räume und skulpturale Bauformen gewohnt, überrascht dieses Gebäude mit straffem, konstruktiven Rationalismus. Als Gaudí 1888 die Bauleitung übernahm, stand das Ordenshaus bereits bis zum ersten Stock. Er entwickelte aus diesen Vorgaben einen strengen, gotisierenden Kubus, der von Zinnen bekrönt ist. Gaudís charakteristische Kreuze auf spitzen Turmhelmen betonen die Gebäudeecken. Gleichförmige Reihen hoher schmaler Fenster und horizontale Backsteinblenden rhythmisieren die flächigen, klaren *Natursteinfassaden*. Das Ordenswappen markiert die Vorbauten und die oberen Gebäudekanten. Signet des Kollegs ist der *Parabolbogen* des Eingangs mit dem kunstvollen Schmiedeeisengitter.

Architektur der Zurückhaltung und Strenge: Antoni Gaudís Col.legi de les Teresianes

82 Finca Güell

Maurische Pavillons in einem großen Garten.

Avinguda de Pedralbes 7
Tel. 933 17 76 52
www.rutadelmodernisme.com
Führungen Sa/So 10.15 und 12.15 (Englisch), 11.15 (Katalanisch), 13.15 Uhr (Spanisch)
Metro L3: Palau Reial

Das Landgut, das der Industrielle *Graf Eusebi Güell* 1883 bei dem Dorf Les Corts de Sarrià nördlich von Barcelona erwarb, wird heute von der Avinguda de Pedralbes durchschnitten und ist Teil des neuen Universitätsviertels. Die Restaurierung der Villa sowie der Neubau des Pförtnerhauses, der Pferdestallungen samt Reithalle und die Einfriedung des Grundstücks war 1884 der erste Auftrag Güells für den jungen Architekten *Antoni Gaudí*.

Bestes katalanisches Kunsthandwerk zeigt das Drachentor, der Haupteingang des Anwesens. Es besteht aus einem 5 m breiten schmiedeeisernen Torflügel, dem ein 10 m hoher Pfosten als Gegengewicht dient. Die jugendstilartige Bekrönung des Pfostens mit kugeligen Früchten ist eine Anspielung auf den Garten der Hesperiden, bewacht von einem schrecklichen Drachen. Beim Öffnen der Tür hebt dieser allerdings brav die Tatze. Pförtnerhaus und Reithalle sind kubische Backsteingebäude mit Kuppeln und Laternen. Unübersehbar ist Gaudís Interesse für die Kunst der Mudéjares (Mauren, die sich taufen ließen, um im christlichen Spanien leben zu können). Keramikbruchstücke und Backsteinblenden überziehen die Gebäude mit lebhaftem geometrischen Dekor. Bemerkenswert sind auch die hier erstmals gestalteten Parabolbögen und Parabolgewölbe, die Charakteristika von Gaudís Architektur werden sollten.

Für die Pavillons der Finca Güell nahm sich Gaudí die Baukunst der Mauren zum Vorbild

83 Palau Reial de Pedralbes

Bürgerpalast in herrlichem Park.

Avinguda Diagonal 686
Park: www.bcn.cat/parcsijardins
tgl. 10 Uhr bis zur Dämmerung
Museen: Tel. 932 56 34 65
Di–So 10–18 Uhr
Metro L3: Palau Reial

Die Bezeichnung Königspalast ist irreführend, denn das hellgelbe Bauwerk ist noch keine 100 Jahre alt und aus der Erweiterung eines Landsitzes der Familie Güell hervorgegangen. Vermögende Geschäftsleute Barcelonas hatten das ursprüngliche Gebäude 1925 umgestalten lassen und es Alfonso XIII. bei einem Besuch der Stadt als Geschenk übergeben. Mehr weitläufige Villa als Palast, steht es mit ausschwingenden Flügeln, die ein Wasserbecken umschließen, inmitten eines englischen Landschaftsgartens. Mit Ausnahme der hier ansässigen Museen ist der Palast nicht öffentlich zugänglich.

Das **Museu de Ceràmica** (www.museuceramica.bcn.es) birgt eine Vielfalt an Objekten von der Frühgeschichte Barcelonas bis zur Keramik der Gegenwart. Das **Museu de les Arts Decoratives** (www.dhub-bcn.cat) präsentiert Kunsthandwerk, Möbel, Uhren, Glas vom Mittelalter bis ins 21. Jh. Besonders interessant ist die Kollektion mit Industriedesign der Jahre 1930–90. Und wer sich für Mode begeistert, wird das **Museu Tèxtil i d'Indumentària** (www.dhub-bcn.cat) in vollen Zügen genießen. Die qualitätvolle Schau umfasst Kostüme, Anzüge, Schmuck und Accessoires vom 16.–21. Jh.

Zum Spazierengehen oder geruhsamen Lesen lädt anschließend der von *Nicolau Maria Rubió i Tudurí* gestaltete **Park** ein. Das Ambiente erfreut mit Wiesen, alten Bäumen, Banken, Marmorstatuen, Brunnen und Quellen.

Die Säulchen im Kreuzgang des Monestir de Pedralbes scheinen sich unendlich fortzusetzen

84 Museu Monestir de Pedralbes

Königliches Kloster und Grablege – eine Oase am Rande der Großstadt.

Baixada del Monestir 9
Tel. 932 56 34 34
www.museuhistoria.bcn.es
April–Sept. Di–Fr 10–17, Sa 10–19, So 10–20, Nov.–März Di–Fr 10–14, Sa/So 10–17 Uhr
FGC L6: Reina Elisenda

Ein Wegkreuz am Ende der Avinguda de Pedralbes kündigt das Monestir de Pedralbes bereits an. 1326 gründete Königin Elisenda de Montcada, vierte und letzte Gemahlin von König Jaume II. von Aragon, dieses Kloster und übergab es dem Klarissenorden. 1969 zogen die Schwestern in einen Neubau um, die Gebäude wurden von der Stadt übernommen und restauriert. Sie sind als Dependance des Museu d'Història de la Ciutat [Nr. 12] teilweise für die Öffentlichkeit zugänglich.

Die **Klosterkirche** ist ein typisches und dank der kurzen Bauzeit ein sehr stilreines Produkt der katalanischen Gotik, eng verwandt mit der Kirche Santa Maria del Pi [s. S. 42]. Die Seitenfassade gewinnt aus der Spannung zwischen schlichten horizontalen Gesimsbändern und dem aufragenden Oktogon des kräftigen Turmes eine geometrische Harmonie, die auch einen der berühmtesten Architekten des 20. Jh., Le Corbusier, begeisterte. Über dem Portal ist das immer wieder anzutreffende *Wappen* der Klostergründerin eingemeißelt. Durch Glasfenster aus dem 14. Jh. – dunkel, doch in kräftigen Farben – fällt gedämpftes Licht in den weiten, einschiffigen Innenraum. Die Gewölbe mit den großen Schlusssteinen sind weit heruntergezogen, ein Querhaus gibt es nicht. In dem farbig gefassten *Alabastersarkophag* (1364) rechts vom Altar ruht Elisenda de Montcada, auf der Tumba ihre Liegefigur. In den Kapellen an der Kirchenwand gibt es einige *Grabmäler* von Adeligen, zum Teil mit schönem Figurenschmuck, doch das Übrige der Ausstattung ist längst verloren.

Der **Kreuzgang** ist ungewöhnlich groß und ausgewogen. Zweigeschossige Arkadengalerien mit einer Art Altane als Abschluss umgeben ihn an drei Seiten. An den schlanken Säulchen kehrt das Wappen der Gründerin in den Palmettenkapitellen wieder. Die erste *Kapelle* rechts im Kreuzgang ist dem hl. Michael geweiht, als Seelenwäger erscheint er an der rechten Wand. Berühmt sind hier die *Fresken* (ab 1346), die Ferrer Bassa zugeschrieben werden. Offensichtlich hatte der Künstler Italien bereist, denn seine Landschaftsräume und Heiligenfiguren, gekleidet in großflächige, voluminöse Gewänder, zeugen deutlich von seiner Vertrautheit mit der Kunst Giottos und der sienesischen Malerei. Dargestellt sind Szenen aus dem Leben Jesu, an denen besonders die Liebe zum Detail und die Lebendigkeit der Gesichter und Gesten auffällt.

Im **Klostermuseum** wiederum kann man Gemälde, liturgische Gerätschaften, Textilien und Mobiliar betrachten.

Barcelona aktuell A bis Z

Vor Reiseantritt

ADAC Info-Service
Tel. 018 05 10 11 12 (0,14 €/Min. aus dem deutschen Festnetz, max. 0,42 €/Min. aus Mobilfunknetzen).

Unter dieser Nummer und bei den ADAC Geschäftsstellen können Mitglieder des ADAC kostenlos Informations- und Kartenmaterial anfordern. Im ADAC Verlag ist zudem der Reiseführer *Spanien* erschienen.

ADAC im Internet:
www.adac.de
www.adac.de/reisefuehrer

Barcelona im Internet:
www.bcn.cat
www.barcelonaturisme.com

Spanisches Fremdenverkehrsamt, www.spain.info

Deutschland

Lietzenburgerstr. 99, 10707 Berlin, Tel. 030/882 65 43, berlin@tourspain.es

Grafenberger Allee 100, 40237 Düsseldorf, Tel. 0221/680 39 80, dusseldorf@tourspain.es

Myliusstr. 14, 60323 Frankfurt/Main, Tel. 069/72 50 33, frankfurt@tourspain.es

Schubertstr. 10, 80336 München, Tel. 089/53 07 46 11, munich@tourspain.es

Österreich
Walfischgasse 8, 1010 Wien, Tel. 01 512 95 80, viena@tourspain.es

Schweiz
Seefeldstr. 19, 8008 Zürich, Tel. 04 42 53 60 50, zurich@tourspain.es

Allgemeine Informationen

Reisedokumente

Deutsche, Österreicher und Schweizer, auch Kinder unter 12 Jahren, benötigen einen gültigen Personalausweis oder einen Reisepass.

Kfz-Papiere

Führerschein, Zulassungsbescheinigung Teil 1 (vormals Fahrzeugschein) und Internationale Grüne Versicherungskarte. Zusätzlich wird eine Vollkasko- und Insassenunfallversicherung empfohlen.

Krankenversicherung

Die Europäische Krankenversicherungskarte ist in die übliche Versicherungskarte integriert. Sie wird in ganz EU-Europa anerkannt und garantiert die medizinische Versorgung. Zusätzlich empfiehlt sich der Abschluss einer Reisekranken- und Rückholversicherung.

Hund und Katze

Bei Reisen innerhalb der EU ist ein gültiger, vom Tierarzt ausgestellter EU Heimtierausweis vorgeschrieben, ebenso die Kennzeichnung durch Mikrochip. Für als gefährlich eingestufte Hunde (Rottweiler, Pittbull etc.) gilt Maulkorb- und Leinenzwang.

Zollbestimmungen

Reisebedarf für den persönlichen Gebrauch obliegt innerhalb der EU keinen Beschränkungen und darf abgabenfrei eingeführt werden. Es gelten allerdings Richtmengen für den Privatreisenden: 800 Zigaretten, 400 Zigarillos, 200 Zigarren, 1 kg Tabak, 10 l Spirituosen, 20 l Zwischenerzeugnisse, 90 l Wein (davon max. 60 l Schaumwein), 110 l Bier.
Bei Reisen in und durch Drittländer (Schweiz) dürfen zollfrei mitgeführt werden: 1 Stange Zigaretten, 250 g Tabak, 1 l Spirituosen über 22 % oder 2 l Spirituosen unter 22 %, 50 ml Parfum, 250 ml Eau de Toilette, 500 g Kaffee und 100 g Tee.
Information:
www.zoll.de
www.bmf.gv.at/zoll
www.ezv.admin.ch

Geld

Die gängigen *Kreditkarten* werden in Banken, Hotels und vielen Geschäften akzeptiert. An *Geldautomaten* (Maestro) kann man rund um die Uhr Geld abheben.

Tourismusämter

Oficina de Turisme de Barcelona, Palau Robert, Passeig de Gràcia 107, Tel. 932 38 80 91, www.catalunya turisme.com

Barcelona Turisme, Tel. 932 85 38 34, www.barcelonaturisme.com. Büros u. a. Plaça de Catalunya, Plaça de Sant Jaume I, Plaça del Portal de la Pau (Monument a Colom), Estació de Sants und Flughafen.

Barcelona Card

In Tourismusbüros, an Metro-Schaltern und im Internet kann man die 2–5 Tage gültige Karte kaufen. Sie berechtigt zu freier Nutzung der öffentlichen Verkehrsmittel und bietet Vergünstigungen bei manchen Museen, Theatern, Restaurants, Geschäften und Parkhäusern.

Notrufnummern

Notruf, Tel. 112 (EU-weit, auch mobil: Polizei, Feuerwehr, Unfallrettung)

Pannenhilfe RACE, Tel. 902 30 05 05 (im Land), Tel. 00 34 915 93 33 33 (vom Ausland), www.race.es (kostenpflichtig)

ADAC Notrufstation Barcelona, Tel. 935 08 28 28 (ganzjährig)

ADAC Notrufzentrale München, Tel. 00 49/89/22 22 22 (rund um die Uhr)

ADAC Ambulanzdienst München, Tel. 00 49/89/76 76 76 (rund um die Uhr)

ÖAMTC Schutzbrief Nothilfe, Tel. 00 43/(0)1/251 20 00, www.oeamtc.at

TCS Zentrale Hilfsstelle, Tel. 00 41/(0)224 17 22 20, www.tcs.ch

Ein polizeiliches Protokoll ist für die Schadensregulierung bei Unfällen notwendig, bei Personenschäden unerlässlich. Wer kein Spanisch spricht, sollte einen Dolmetscher bestellen und sich mit dem Konsulat in Verbindung setzen.

Diplomatische Vertretungen

Deutsches Konsulat, Passeig de Gràcia 111, Tel. 932 92 10 00, www.barcelona.diplo.de, Metro L3, L5: Diagonal

Österreichisches Konsulat, Carrer de Maria Cubí 7, Tel. 933 68 60 03, www.bmaa.gv.at, Metro L3, L5: Diagonal

Schweizer Konsulat, Gran Via de Carlos III 94, Tel. 934 09 06 50, www.eda.admin.ch/barcelona, Metro L3: Maria Cristina

Gesundheit

Ärztlicher Notdienst

Hospital Clínic, Carrer Villarroel 170, Tel. 932 27 54 00, www.hospitalclinic.org, Metro L5: Hospital Clínic

Zahnärztlicher Notdienst

Amesa, Gran Via de les Corts Catalanes 680, Tel. 933 02 66 82, Mo–Fr 9.30–13.30 und 15–18.30 Uhr, Metro L2, L3, L4: Passeig de Gràcia, L1, L4: Urquinaona

Besondere Verkehrsbestimmungen

Tempolimits (km/h): Innerhalb geschlossener Ortschaften gilt allgemein 50. Pkw und Motorräder dürfen außerorts 90, Wohnmobile bis 3,5 t 70 und PKW mit Anhänger 70 fahren. Analog gelten auf Schnellstraßen und Straßen mit mehr als einer Fahrspur in jeder Richtung 100/80/80, auf Autobahnen 110/90/80.

Die *Promillegrenze* liegt bei 0,5.

Überholverbot besteht 100 m vor Kuppen sowie auf Straßen, die nicht mindestens 200 m zu überblicken sind.

Telefonieren ist während der Fahrt nur mit Freisprecheinrichtung erlaubt.

Abschleppen durch Privatfahrzeuge ist verboten. Jede Person, die im Falle einer Panne oder eines Unfalls auf offener Straße den Wagen verlässt, muss eine reflektierende Warnweste tragen.

Gelbe Linien am Fahrbahnrand bedeuten Parkverbot, blaue Linien markieren eine zeitlich begrenzte Parkerlaubnis.

Rauchverbot

Seit 2011 gilt in Spanien das strengste Nichtrauchergesetz Europas. Es betrifft auch viele öffentliche Stadträume und Plätze. Bei Nichtbeachtung drohen erhebliche Bußgelder.

Diebstahl

Barcelona ist ein Pflaster für Taschen- und Trickdiebe, daher sollten Reisende stets umsichtig sein. Wertgegenstände verwahrt man im Zimmersafe des Hotels. Handtaschen und Kameras behält man in öffentlichen Verkehrsmitteln, in Menschenansammlungen, in Supermärkten, Restaurants und Bars stets im Griff.

Anreise

Auto

Barcelona ist über die französischen Autobahnen Lyon–Orange (A7/E15) und Orange–Perpignan (A 9/E15) sowie die spanische A7/E15 über Girona zu erreichen Diese Autobahnen sind durchweg gebührenpflichtig.

Autobahntankstellen akzeptieren Kreditkarten und sind durchgehend geöffnet, die übrigen bis ca. 20 Uhr. Zentral gelegene Tankstellen findet man in Barcelona in der Avinguda Paral.lel (zwischen Hafen und Plaça Espanya).

Parkplätze

Im Innenstadtbereich von Barcelona sind Parkplätze rar und teuer. Die Parkuhren der blauen Zonen erlauben maximal 90 Minuten Standzeit. Hotels der oberen Preisklassen verfügen häufig über Parkgaragen für ihre Gäste (siehe Webseiten). Ansonsten empfiehlt sich die Benutzung von Tiefgaragen. Leuchttafeln in der ganzen Stadt lotsen jeweils zu den freien Plätzen.

Bahn

Die meisten nationalen und internationalen Züge fahren den Hauptbahnhof **Estació Central Barcelona Sants** an, so auch der Hochgeschwindigkeitszug AVE, der zwischen Madrid und Barcelona verkehrt. Von der Estació de França bestehen Verbindungen nach Paris, Zürich, Bern und Genf. Zwei kleinere unterirdische Bahnhöfe liegen am Passeig de Gràcia und der Plaça Catalunya. Die Estació Sagrera befindet sich im Norden der Stadt, im Viertel Sant Andreu.

Renfe, Tel. 902 24 34 02, www.renfe.com

Deutsche Bahn, Tel. 018 05/99 66 33 (0,14 €/Min.), Tel. 08 00/150 70 90 (sprachgesteuert, kostenlos), www.bahn.de

Österreichische Bundesbahn, Tel. 05 17 17, www.oebb.at

Schweizerische Bundesbahnen, Tel. 09 00 30 03 00, www.sbb.ch

Bus

Busverbindungen nach Barcelona bestehen ab der Schweiz und ab Deutschland. Zentrale Reservierungsstelle:

Deutsche Touring, Am Römerhof 17, 60486 Frankfurt, Tel. 069/790 35 01, www.touring.de

Estació d'Autobusos de Barcelona Nord, Ali Bei 80, Tel. 902 26 06 06, www.barcelonanord.com, Metro L1: Arc de Triomf. Die meisten innerspanischen Linien und internationalen Busunternehmen fahren den Bahnhof Estació de Nord an.

Estació d'Autobusos de Sants, Tel. 934 90 40 00, Metro L3, L5: Sants Estació. Bahnhof für einige internationale Buslinien.

Flugzeug

Aeropuerto Barcelona El Prat, Tel. 902 40 47 04, www.aena.es, 13 km südlich vom Stadtzentrum

Der Flughafen von Barcelona wird von allen Airlines angeflogen. Zwischen den beiden Terminals fahren Shuttlebusse. Ins Zentrum fahren, als preiswerte Lösungen, der Flughafenzug R2 oder der moderne, behindertengerechte Aerobus sowie mit entsprechend höheren Gebühren die Taxis [s. S. 131].

Bank, Post, Telefon

Bank

Die Banken (*banco/banc*) sind in der Regel im Stadtzentrum Mo–Fr 9–14, Sa 9–13 Uhr geöffnet, die Hauptfilialen auch nachmittags bis ca. 16.30 Uhr. Juni–Sept. bleiben mit einigen wenigen Ausnahmen die Geldinstitute samstags geschlossen.

Post

Die Postämter (*correos/correu*) sind meist Mo–Fr 8.30–20.30, Sa 9.30–13 Uhr geöffnet, das Hauptpostamt, Plaça Antonio López (Metro L4: Barceloneta) Mo–Fr 8.30–21.30, Sa 8.30–14 Uhr, www.correos.es. Briefmarken (*sellos/segells*) erhält man aber auch in Tabakgeschäften *(tabacos/estancos)*.

Telefon

Internationale Vorwahlen
Spanien 00 34
Deutschland 00 49
Österreich 00 43
Schweiz 00 41

In Spanien sind die Ortsnetzkennzahlen in die Telefonnummern integriert und werden immer mitgewählt.

Telefonapparate funktionieren mit Münzen, Kreditkarten oder mit Telefonkarten (*tarjetas teléfonicas*), die man im Internet (www.cloncom.com), bei Telefonanbietern oder in autorisierten Geschäften kaufen kann.

Einkaufen

Öffnungszeiten: Im Stadtzentrum meist Mo–Sa 10–13.30 und 17–20 Uhr, Kaufhäuser sind in der Regel durchgehend und länger geöffnet.

In den Randgebieten und Wohnvierteln schließen die Geschäfte am Samstagnachmittag. Konditoreien, Zeitungs- und Blumenhändler, Souvenirshops sowie zahlreiche Minisupermärkte öffnen auch sonntags.

Quirlige **Einkaufsstraßen** mit preiswerter und frecher Mode liegen rund um die Markthallen des Zentrums sowie zwischen den Rambles und der Kathedrale. Die meisten **Kaufhäuser** wie El Corte Ingles findet man um die Plaça de Catalunya und in der Avinguda del Portal de l'Ángel. Die schönsten **Fußgängerzonen** sind Carrer de la Portaferrissa, Carrer Comtal und Carrer Petritxol.

Wer aufmerksam durch das **Barri Gòtic** spaziert, stößt auf alte Familienbetriebe, Krämerläden voll kurioser Gegenstände oder verstaubte Hut- und Posamentengeschäfte. Die beste Adresse für betuchte Einkäufer ist das Eixample-Geschäftsviertel mit den prachtvollen Boulevards **Passeig de Gràcia** und **Rambla de Catalunya**. Dort sind auch die Modemacher und viele Designerläden zu finden. An der **Avinguda Diagonal** bieten Edel-Boutiquen ihren zahlungskräftigen Kunden internationale Mode an. **Souvenirgeschäfte** sind rund um die Rambles angesiedelt. Lebensmittel und Getränke kauft man in Supermärkten, in den großen **Markthallen** oder in den schönen, wohl sortierten Feinkostgeschäften.

Antiquitäten

Barri Gòtic: Carrer de la Palla, Carrer Banys Nous, Baixada de Santa Eulàlia

Eixample: Carrer Rosselló, Còrsega, Enrique Granados, zwischen Rambla de Catalunya und Aribau

El Bulevard dels Antiquaris: Passeig de Gràcia 55–57, 1º, Tel. 932 15 44 99, www.bulevarddelsantiquaris.com, Metro L2, L3, L4: Passeig de Gràcia. Über 70 Antiquitätenhändler und Kunstgalerien in einer Ladenpassage.

Els Encants, Plaça de les Glòries Catalanes), Tel. 932 46 30 30, www.encantsbcn.com, Mo, Mi, Fr/Sa 9–15 Uhr, Metro L1: Glòries, Metro L2: Encants. Flohmarkt am Rande der Stadt.

Mercat Gòtic de Antiguitats, Plaça Nova, Do 10–20 Uhr, Metro L3: Liceu. Antiquitätenmarkt unter freiem Himmel (nicht im Dez. und Aug.).

Bücher

Alibri, Balmes 26, Tel. 933 17 05 78, www.alibri.es, Metro L1, L2: Universitat. Gute Auswahl an deutschsprachiger Literatur.

Altaïr, Gran Via Corts Catalanes 616, Tel. 933 42 71 71, www.altair.es, Metro L2, L3, L4: Passeig de Gràcia. Reisebuchhandlung mit Nautik-Abteilung.

Happy Books, u. a. Avinguda del Portal de l'Ángel 5, Tel. 933 02 39 42, www.happybooks.com, Metro L1, L3: Catalunya. Große Auswahl an preiswerten Büchern in modernem Ambiente.

La Central del Raval, Elisabets 6, Tel. 902 88 49 90, www.lacentral.com, Metro L1, L3: Catalunya. Allround-Buchhandlung in einer einstigen Kirche von 1693.

Delikatessen

Colmado Quilez, Rambla de Catalunya 63, Tel. 932 15 87 85, www.lafuente.es, Metro L2, L3, L4: Passeig de Gràcia. Erfüllung ausgefallener kulinarischer Wünsche.

Escribà, Rambla de les Flors 83, Tel. 933 01 60 27, www.escriba.es, Metro L3: Liceu. Verlockende Kuchen, leichte Moussetorten und das schönste Jugendstil-Schaufenster der Stadt.

Farga Delicato, Rambla Catalunya 8, Tel. 934 12 57 82, www.fargabarcelona.com, Metro L1, L3: Catalunya. Kaffee, Schokoladen- und Pralinenspezialitäten.

TOP TIPP **J. Murrià Queviures**, Calle Roger de Llúria 85, Tel. 932 15 57 89, www.murria.cat, Metro L2, L3, L4: Passeig de Gràcia. Edle Weine, feine Liköre, Schinken- und Käsespezialitäten und viele andere Delikatessen.

Planelles-Donat, Cucurulla 9 und Avinguda del Portal de l'Ángel 7 und 25, Tel. 933 17 34 39, www.planellesdonat.com, Metro L1, L3: Catalunya. Köstliche Eiscreme und die Spezialität Turrón, eine Süßigkeit aus Alicante mit viel Honig und vielen Mandeln.

Design

Dos i Una, Rosselló 275, Tel. 932 17 70 32, Metro L3, L5: Diagonal. Geschenkladen mit Barcelona-Motiven auf Tellern, T-Shirts und Schmuckstücken.

TOP TIPP **Vinçon**, Passeig de Gràcia 96, Tel. 932 15 60 50, www.vincon.com, Metro L3, L5: Diagonal. Designer-Kaufhaus in einem Jugendstil-Palais. Verkauft werden Objekte aus aller Welt. Im ersten Stock ist teilweise noch die Originalausstattung erhalten.

Hüte und Posamenten

Jover, Cardenal Casañas 14, Tel. 933 17 89 93, Metro L3: Liceu. Eine wahre Fundgrube für Stylisten.

Sombrerería Obach, Call 2, Tel. 933 18 40 94, Metro L3: Liceu. Alles vom Córdoba-Hut bis zur Baskenmütze.

Kosmetik und Parfüm

Regia, Passeig de Gràcia 39, Tel. 932 16 01 21, www.regia.es, Metro L2, L3, L4: Passeig de Gràcia. Spanische Duftwasser von Puig oder Myrurgia und hochkarätige Parfümmarken aus aller Welt. Im Hinterzimmer bewundert man eine wertvolle Sammlung von Flakons.

Kräuter

TOP TIPP **Herboristeria del Rei**, Carrer Vidre 1, Tel. 933 18 05 12, Metro L3: Liceu. Seit 1823 bestehendes Traditionsgeschäft mit einer Fülle an Gewürzen und Kräutern [s. S. 44].

Kunsthandwerk

Einen privilegierten Platz haben einheimische Kunsthandwerker im **Poble Espanyol** [Nr. 72], wo Besucher Glasbläsern, Stoffdruckern und Teppichknüpfern über die Schulter schauen können. Hübsche katalanische Keramikartikel, etwa aus der Ortschaft La Bisbal nördlich von Barcelona, gibt es in zahlreichen Geschäften zu kaufen.

La Caixa de Fang, Freneria 1, hinter der Kathedrale, Tel. 933 15 17 04, Metro L4: Jaume I. Keramikkunst aus Katalonien. Typische Schmortöpfe aus Ton, rustikale Holzbestecke.

La Manual Alpargatera, Avinyó 7, Tel. 933 01 01 72, www.lamanual.net, Metro L3: Liceu. Katalanische Leinenschuhe mit Hanfsohle in allen Farben mit Verzierungen nach Wunsch des Kunden.

Molsa, Plaça Sant Josep Oriol I, Tel. 933 02 31 03, Metro L3: Liceu. Alte und neue Keramikartikel und hübsche Pappmaschee-Figuren.

Kuriositäten

Cereria Subirà, Baixada Llibreteria 7, Tel. 933 15 26 06, Metro L4: Jaume I. Kerzengießerei aus dem Jahre 1761, Jugendstildekoration.

El Ingenio, Rauric 6, Tel. 933 17 71 38, www.el-ingenio.com, Metro L3: Liceu. Scherzartikel, Masken, Pappmaschee-Figuren. Im Hinterzimmer werden Riesenköpfe und Giganten für die Volksfeste Barcelonas hergestellt.

El Rey de la Magia, Princesa 11, Tel. 933 19 39 20, www.elreydelamagia.com, Metro L4: Jaume I. Utensilien für Zauberkünstler und solche, die es werden wollen.

Mode

Adolfo Domínguez, Passeig de Gràcia 89, Tel. 934 87 48 89, www.adolfodominguez.es, Metro L3, L5: Diagonal. Boutique des spanischen Modeschöpfers mit eleganter Damen- und Herrenmode.

Desigual, Passeig de Gràcia 47, Tel. 934 67 62 87, www.desigual.com, Metro L2, L3, L4: Passeig de Gràcia. Junges spanisches Label. Mal elegant, mal lässig, aber immer kunterbunt.

Furest, Passeig de Gràcia 12–14, Tel. 933 01 20 00, www.furest.com, Metro L2, L3, L4: Passeig de Gràcia, L1, L3: Catalunya. Seit 1898 elegante Herrenkleidung.

Gonzalo Comella, Passeig de Gràcia 6, Tel. 934 12 66 00, www.gonzalocomella.com, Metro L2, L3, L4: Passeig de Gràcia. Traditionelles Bekleidungsgeschäft für die ganze Familie, mit Modemarken aus aller Welt.

Groc, Rambla de Catalunya 100, Tel. 932 15 77 78, Metro L3, L5: Diagonal. Schicke Herren- und Damenmode von Antonio Miró.

La Perla Gris, Rosselló 220, Tel. 934 87 30 14, Metro L3, L5: Diagonal. Seit 1924 zarte Spitzen, verführerische Nachtgewänder und Bademoden.

Loewe, Passeig de Gràcia 35 und 91, Tel. 932 16 04 00, www.loewe.com, Metro L2, L3, L4: Passeig de Gràcia. Elegante Handtaschen, Lederjacken und andere Accessoires.

Die Schaufenster der Modegeschäfte geben Auskunft darüber, was gerade in ist

Kleine Boutiquen und große Modeschöpfer

Trotz ihres Hangs zur Individualität unterwerfen sich Spanier widerspruchslos dem Modediktat. Dies gilt auch für die dynamische Hauptstadt Kataloniens. Schnell haben Besucher in den Schaufenstern der Geschäfte die neueste Modefarbe, das Kleidungsstück der Saison und die vorgeschriebene Rocklänge registriert.

Wer das Besondere sucht, einfallsreiche Modemacher und originelle Kreationen aufspüren möchte, der muss schon etwas tiefer in die Millionenstadt eintauchen. Die Werkstätten und Verkaufsräume der Star-Designer sind in stillen Nebenstraßen der **Avinguda Diagonal** oder unauffälligen Bürgerwohnungen an der **Rambla de Catalunya** versteckt. Einen Überblick über die spanische und katalanische Modeszene bieten die zweimal jährlich stattfindenden Messen **Pasarela Gaudí**, auf denen katalanische Modemacher wie Antonio Miro, Josep Font und Lydia Delgado ihre neuesten Kreationen vorstellen.

Preiswerte Prêt-à-Porter-Modelle findet man in den über die ganze Stadt verteilten Modepassagen, in denen sich Tür an Tür winzige Boutiquen drängen, oder rund um den **Mercat de Sant Antoni**, wo die Marktverkäufer viermal wöchentlich ihre Kleiderstände aufbauen. Wer selbst mit Nadel und Faden umgehen kann, findet in Barcelonas Altstadt unzählige Stoff- und Posamentengeschäfte, deren Auswahl an Spitzen, Borten und Federboas das Herz jedes Hobby-Couturiers höher schlagen lässt.

Lydia Delgado, Minerva 21, Tel. 934 15 99 98, www.lydiadelgado.es, Metro L3, L5: Diagonal. Verspielte und romantische Mode überwiegend für zierliche Frauen.

System Action, Rambla de Catalunya 108, Tel. 932 15 09 56, www.system-action.com, Metro L3, L5: Diagonal. Junge und pfiffige Mode sowie Accessoires im farbenfrohen Look Barcelonas.

Zara, Portal de l'Angel 11–13, Tel. 933 43 68 92, Metro L1, L3: Catalunya; Passeig de Gràcia 16, Tel. 933 18 76 75, Metro L2, L3, L4: Passeig de Gràcia, u.a., www.zara.com. Erfolgreichster spanischer Prét-à-Porter-Hersteller mit Filialen in ganz Europa.

Musik

Casa Beethoven, Rambla de Sant Josep 97, Tel. 933 01 48 26, www.casabeethoven.com, Metro L3: Liceu. Bücher und Partituren. Europäische Opernstars gehören zum Kundenstamm.

Castelló, Tallers 7, Tel. 933 02 59 46, Metro L1, L3: Catalunya. Riesenauswahl an CDs.

Schmuck

Baguès Masriera, Passeig de Gràcia 41, Tel. 932160174, www.bagues.com, Metro L2, L3, L4: Passeig de Gràcia. Das erste Haus der Stadt für kostbare Geschmeide.

Joaquin Berao, Rambla de Catalunya 74, Tel. 932150091, www.joaquinberao.com, Metro L1, L3: Catalunya. Einer der bekanntesten Schmuckdesigner Spaniens.

Schuhe

Die meisten Schuhgeschäfte sind in der Avinguda del Portal de l'Ángel und Carrer de la Portaferrissa zu finden.

Menorca Pell, Plaça Gal.la Placídia 30 und 50, Tel. 932380639, FGC L6, L7: Gràcia. Kleine Boutique mit sportlichen Qualitätsschuhen aus Menorca.

Märkte

Jedes Stadtviertel besitzt einen eigenen Lebensmittelmarkt. Insgesamt gibt es in Barcelona mehr als 40 Markthallen, die alle auf www.mercatsbcn.com mit Anschrift und Öffnungszeiten aufgeführt sind. Die schönsten Märkte befinden sich im Zentrum der Stadt:

Mercat de la Boqueria, Rambla 91, www.boqueria.info, Metro L3: Liceu. Die größte Auswahl an frischen Waren, von exotischen Früchten bis zu fangfrischen Meerestieren. Cafés und Lokale sind schon zum Frühstück geöffnet. Ein Erlebnis für alle Sinne [s. S. 41].

Mercat de Santa Caterina, Avinguda Francesc Cambó 16, www.mercatsanta caterina.com, Metro L4. Jaume 1. Ebenso fröhlich wie in der Markthalle selbst geht es auf ihrem Dach zu. Die wellenförmige Konstruktion aus dem Jahr 2005 ist mit einem kunterbunten Mosaik geschmückt.

Mercat de Sant Antoni, Ronda de Sant Antoni 18, Metro L2: Sant Antoni. Frischwaren Mo–Sa auf provisorischem Markt (Markthalle derzeit wegen Restaurierung geschl.), Textilien an den Tagen Mo, Mi, Fr und Sa, Büchermarkt am Sonntagvormittag beim Marktgebäude [Nr. 46].

Shopping Center und Passagen

Rund um Passeig de Gràcia, Rambla de Catalunya, Plaça del Catalunya und Plaça Francesc Macià drängen sich in Einkaufspassagen Boutiquen Tür an Tür.

Boulevard Rosa, Passeig de Gràcia 51–55, Metro L2, L3, L4: Passeig de Gràcia. Die bekannteste Modepassage ihrer Art bietet überwiegend Damenkleidung.

Moderne Shopping Center mit unzähligen Geschäften, Restaurants und Unterhaltungsangeboten sind:

Diagonal Mar, Avinguda Diagonal 3, Tel. 902530300, www.diagonalmarcentre.es, Metro L4: El Maresme Fòrum

L'Illa Avinguda Diagonal 557, Tel. 934440000, www.lilla.com, Metro L3: Maria Cristina

Maremagnum, Moll d'Espanya 5, Tel. 932258100, www.maremagnum.es, Metro L3: Drassanes

Essen und Trinken

Die Cafés, Bars und Restaurants sind stets gut besucht: Erstes und zweites Frühstück, Mittagsmahl, Nachmittagskaffee, Aperitif und Abendessen lassen Restaurantbesitzer, Küchenchefs und Kellner eigentlich nie zur Ruhe kommen.

Essenszeiten heißt es jedoch einzuhalten: Bars, Caféterias und Tapas-Lokale öffnen bereits am frühen Vormittag. An den Restauranttisch setzt man sich aber nie vor 13 Uhr. Richtig lebhaft wird es in den Speiselokalen erst gegen 14 Uhr, wenn alle Büroangestellten in die lange Mittagspause gehen und die Geschäfte ihre Rollläden herunterlassen. Abends erscheint niemand vor 21 Uhr im Restaurant. Gekocht wird bis gegen 24 Uhr. Einige wenige Lokale servieren auch nach Mitternacht noch ein warmes Mahl. Mit wenigen Ausnahmen haben Barcelonas Restaurants an den Sonntagen geschlossen.

Ein Mittag- oder Abendessen besteht üblicherweise aus drei Gängen: Vorspeise, Hauptgang und Dessert. Gelegentlich wird die Mehrwertsteuer (IVA, 7 %) extra berechnet. Die Bedienung ist im Preis inbegriffen. Ein **Trinkgeld** von 5-10 % wird erwartet. In den Nobelrestaurants ist eine **Reservierung** unbedingt zu empfehlen.

Kleines Gourmet-Lexikon

Vorspeisen, Salate, Soßen, Beilagen

Allioli: Knoblauchmayonnaise, wird zu Fisch- und Grillgerichten gereicht.

Amanida catalana: Gemischter Salat, dekoriert mit Spargel, Wurst und Käse.

Bon Profit – guten Appetit

Die katalanische Küche ist deftig, fast bäuerlich. Gekocht und gebraten wird mit Olivenöl. Aus Kräutern und Knoblauch, Rosinen, Mandeln und Pinienkernen werden schwere Soßen gerührt. Im Landkreis Empordà entstand die Tradition, süße und salzige Komponenten zu einer Sinfonie unterschiedlicher Geschmacksrichtungen zu vereinen. Ente mit Backpflaumen, Fleisch mit karamellisierten Äpfeln oder Huhn mit Languste sind nur einige der mehr oder weniger gewagten Kreationen. Von bestechender Einfachheit und ein Klassiker der katalanischen Gastronomie ist dagegen das berühmte **Pa amb Tomàquet**, das auf keinem Restauranttisch fehlen darf. Es handelt sich um große Scheiben geröstetes Bauernbrot, das mit Tomate eingerieben, mit Salz bestreut und durch ein paar Tropfen Olivenöl verfeinert wird.

Der Begriff **Cuina de Mercat** (Marktküche) deutet auf frische Produkte aus Meer und Gemüsegarten hin. Vielen bekannten Küchenchefs kann man frühmorgens im Boquería-Markt beim Einkauf begegnen. Aber nicht nur aus der Markthalle kommen die in der Küche verwendeten Produkte. Viele Köche beziehen ihre Waren direkt vom Lande, z. B. Wurstwaren aus Vic, frischen Fisch aus Blanes oder Sekt aus den Kellereien des Penedés.

Calçots: Lauchzwiebeln, auf dem Holzfeuer gegrillt (nur im Winter).

Escalivada: Kalte Vorspeise aus Auberginen, Tomaten, Paprika und Zwiebeln, auf dem Holzfeuer gegart und mit Olivenöl angerichtet.

Escudella i Carn d'Olla: Klare Suppe mit Nudel-, Reis-, Kartoffel-, Kohl-, Gemüseeinlage und Botifarra Negra (schwarze katalanische Wurst) als Vorspeise. Im Anschluss werden Gemüse, Schweine- und Rindfleisch serviert.

Esqueixada: Kalte Vorspeise mit Stockfischstückchen, Tomaten, Paprika, Zwiebeln und Oliven.

Espinacs a la catalana: Blattspinat mit Rosinen und Pinienkernen.

Faves a la catalana: Eintopfgericht mit Saubohnen.

Pa amb Tomàquet: Geröstetes Bauernbrot, mit Tomate eingerieben. Wird als Beilage gereicht oder ersetzt als Torrada (mit Wurst, Käse, Schinken, Anchovis belegt) den Hauptgang. Sehr beliebt: Torrada amb Pernil (mit Schinken).

Hauptgerichte

Bacallà: Stockfisch, in Barcelona steht in fast jedem Restaurant Bacallà a la llauna (mit Paprika, Tomaten, Knoblauchsoße) auf der Karte.

Botifarra: Katalanische Bauernbratwurst, meist mit weißen Bohnen als Botifarra amb Mongetes serviert.

Conill: Kaninchen, gegrillt. Conill amb Ceba mit Knoblauch und Zwiebeln oder a l'Empordanesa, mit Schokoladensoße.

Moixernons: Getrocknete Pilze als Zutat bei Ragouts, Fleisch- oder Stockfischgerichten. Sehr typisch: Fricandó amb Moixernons (Rindfleischragout).

Paella: Reisgericht, ursprünglich aus Valencia. Zahlreiche Varianten: Arròs Negre (mit schwarzem Tintenfischsud), Arròs a Banda, Arròs a la Cazuela.

Pebrots farcits: Gefüllte Paprikaschoten, meist mit Brandada de Bacallà (Stockfischpaste).

Rovellons oder **Girgoles:** Pilze, mit Petersilie und Knoblauch gebraten.

Suquet de peix: Fischeintopf mit Meeresfrüchten, Kartoffeln und Erbsen, Soße aus Öl, Weißwein, Knoblauch, Petersilie und Zwiebeln.

Truites: variantenreiche Omelettes (mit Thunfisch, Gemüse, Käse, Schinken).

Desserts

Crema catalana: Karamellisierte Vanillecreme in der typischen braunen Tonschale.

Mató: Ungesalzener Frischkäse, meist mit Honig als Mel i Mató.

Pijama: Dessertmischung aus Speiseeis, Crème Caramel und Dosenfrüchten (Pfirsich oder Ananas).

Postres de Músic: Mandeln, Nüsse und Rosinen in einer Tonschale serviert, dazu ein kleines Glas Moscatel.

Spitzenrestaurants

Casa Calvet, Casp 48, Tel. 934 12 40 12, www.casacalvet.es, Metro L1, L4: Urquinaona. Mediterrane Küche in gastlichen Räumen mit Jugendstilschnörkeln.

Das Wohnhaus Casa Calvet gehört zu den weniger bekannten Werken Antoni Gaudís (So geschl.).

Neichel, Beltran i Rózpide 1–5, Tel. 932 03 84 08, www.neichel.es, Metro L3: Maria Cristina. Eine der besten Restaurantadressen ganz Spaniens. Stammgäste des Elsässers Jean Louis Neichel sind Politiker, Bankiers, Opernsänger und Fußballstars. Reservierung unbedingt empfehlenswert (So/Mo geschl.).

Katalanische Spezialitäten

Acta Atrium Palace, Gran Via de les Corts Catalanes 656, Tel. 933 42 80 00, www.hotel-atriumpalace.com, Metro L1, L4: Urquinaona. Im Angebot des gepflegten Hotelrestaurants sind Buffet, à-la-Carte-Gerichte und Tagesmenus.

Amaya, La Rambla 20–24, Tel. 933 02 10 37, www.restauranteamaya.com, Metro L3: Drassanes. Ungezwungene Atmosphäre, bunt gemischtes Publikum, baskische und katalanische Küche. Spezialitäten sind Meeresfrüchte und Innereien.

Can Punyetes, Marià Cubí 189, Tel. 932 00 91 59, www.canpunyetes.com, Bus: 14, 15, 27, 32, 58, 64. Lautes Ambiente, immer voll. Preiswerte große Salatteller und Grillgerichte.

Egipte, La Rambla 79, Tel. 933 17 95 45, www.egipte-ramblas.com, Metro L3: Liceu. Schon Pepe Carvalho (Held der Krimis von Manuel Vazquéz Montalbán) ging im ›alten‹ Egipte hinter der Markthalle essen. Heute sitzt man im ›neuen‹ Egipte und lässt sich Spargel-Lachsmousse, gefülltes Huhn und hausgemachte Süßspeisen schmecken.

Käse, Schinken und Oliven sind auch in Barcelona beliebte Appetithäppchen

Els Pescadors, Plaça Prim 1/Poblenou, Tel. 932 25 20 18, www.elspescadors.com, Metro L4: Poblenou. Moderner und traditioneller Restauranttrakt mit Holzverkleidung und Marmortischen. Spezialität: Salate, Torrades, Botifarra, Reisgerichte, frischer Fisch und Meeresfrüchte.

El Tragaluz, Passaje de la Concepción 5, Tel. 934 87 06 21, www.grupotragaluz.com, Metro L3, L5: Diagonal. An den Wänden des Lokals ließ der Maler Javier Mariscal seinen Farbfantasien freien Lauf. Der Akzent liegt auch sonst ganz auf Design, serviert wird gehobene mediterrane Küche, neu sind eine Sushibar im Erdgeschoss und der Loungebereich unterm Glasdach.

Los Caracoles, Escudellers 14, Tel. 933 01 20 41, www.loscaracoles.es, Metro L3: Drassanes. Katalanische Küche in schönen, mit Fliesen geschmückten Räumen. Internationales Publikum, anregende Atmosphäre und musikalische Untermalung.

Madrid-Barcelona, Aragó 284, Tel. 932 15 70 27, www.madrid-barcelona.cat, Metro L2, L3, L4: Passeig de Gràcia. Altmodische Bar mit Restaurant aus dem Jahre 1939. Serviert wird Hausmannskost: kräftige Suppen, Reisgerichte, Fleisch. Dessertspezialität: überbackene Äpfel mit Vanilleeis.

Mussol, Casp 19, Tel. 933 01 76 10, www.angrup.com, Metro L1, L3: Catalunya. Spezialitäten vom Grill, im Winter auch die Lauchzwiebeln Calçots.

Pitarra, Avinyó 56, Tel. 933 01 16 47, www.restaurantpitarra.cat, Metro L4: Barceloneta, L3 Drassanes. Gemütliches Lokal mit aufmerksamem Service. Spezialität: Wildgerichte und frische Pilze. Kleines Privatmuseum im ersten Stock, das dem Dichter und Theatermann Frederic Soler, genannt Pitarra, gewidmet ist (So geschl.).

TOP TIPP **Senyor Parellada**, Argenteria 37, Tel. 933 10 50 94, www.senyorparellada.com, Metro L4: Jaume I. Senyor Parelladas Empfehlung sind Anchovis der Costa Brava, Makkaroni des Anwalts Solé, Lammbraten oder diverse Stockfischgerichte. Verlockendes Dessertbuffet. Unbedingt mindestens einen Tag im Voraus reservieren.

TOP TIPP **Set Portes**, Passeig Isabel II 14, Tel. 933 19 30 33, www.7portes.com, Metro L4: Barceloneta. Traditionsreiches Speiselokal mit über 170-jähriger

Geschichte. An den Stuhllehnen blitzen vergoldete Schilder mit Namen wie Pablo Picasso oder Salvador Dalí. Sonntagnachmittag kommen katalanische Familien zu Paella, Buñuelos de Bacalao (Stockfischkrapfen), Fischplatten und Crema catalana.

Fischrestaurants

Botafumeiro, Gran de Gràcia 81, Tel. 932 18 42 30, www.botafumeiro.es, Metro L3: Fontana. Traditionelle galizische Küche, feine Fische und immer frische Meeresfrüchte. Gehobenes Niveau mit entsprechenden Preisen. Empfehlenswert: große Fischplatte für mehrere Personen.

Carballeira, Reina Cristina 3, Tel. 933 10 10 06, www.carballeira.com, Metro L4: Barceloneta. Etwas versteckt gelegenes Fischrestaurant mit langer Tradition. Köstliche Reisgerichte, kleine Tintenfische und frischer Fisch (So abends geschl.).

Chicoa, Aribau 73, Tel. 934 53 11 23, www.chicoa.es, Bus: 7, 14, 20, 64. Restaurant mit traditioneller katalanischer Küche. Stockfischgerichte in zehn Varianten. Immer gut besucht (So und Mo abends geschl.).

Restaurants mit Garten

El Asador de Aranda, Avinguda Tibidabo 31, Tel. 934 17 01 15, www.asadordearanda.com, FGC L7: Avinguda Tibidabo. Imposante Traumvilla, durch Rubió i Bellver auf den Resten eines Dominikanerklosters errichtet. Spezialität des Hauses: Lammbraten, nach kastilischer Art im Ofen zubereitet. Als Appetitanreger: Schinken, Wurst und gebratene Paprika. Als Dessert Blätterteig mit Vanillecreme – einfach himmlisch (So abends geschl.).

La Balsa, Infanta Isabel 4, Tel. 932 11 50 48, www.labalsarestaurant.com, FGC L7: Avinguda Tibidabo, Bus: 22, 58. Preisgekröntes Kunstwerk der Innenarchitekten Oscar Tusquets und Lluís Clotet. Beliebte Schlemmeradresse der Barceloner Oberschicht. Im Sommer mit begrünter Terrasse, im Winter mit lauschiger Atmosphäre wie in einer großen Gartenlaube (So abends und Mo mittags geschl.).

TOP TIPP **La Venta**, Plaça Dr. Andreu, Tel. 932 12 64 55, www.restaurantelaventa.com, Tramvia Blau, Bus: 60, 124, 196. Die Perle unter den Gartenrestaurants der Stadt. Man speist mediterrane Gerichte unter Palmen, auf halber Höhe des Tibidabo. Im Winter Kaminfeuer im Jugendstil-Interieur (So geschl.).

Vegetarische Restaurants

Amaltea, Diputació 164, Tel. 934 54 86 13, www.amalteaygovinda.com, Metro L1: Urgell. Kreative vegetarische Menüs aus stets marktfrischen Zutaten (So geschl.).

L'Hortet, Pintor Fortuny 32, Tel. 933 17 61 89, Metro L1, L3: Catalunya. Täglich wechselnde Mittagsmenüs, Salatbar, vegetarische Burger und Pizza (Fr/Sa auch ab 20 Uhr geöffnet).

Internationale Küche

Brasserie Flo, Jonqueres 10, Tel. 933 19 31 02, www.brasserieflobarcelona.com, Metro L1, L4: Urquinaona. Großer Belle-Epoque-Saal. Auf der Karte: Austern, Fischgerichte, Entenpastete.

Govinda, Plaça Vila de Madrid 4–5, Tel. 933 18 77 29, www.amalteaygovinda.com, Metro L1, L3: Catalunya. Indische und vegetarische Küche (So abends und Mo abends geschl.).

H1898, Hotel 1898, La Rambla 109, Tel. 935 52 95 52, www.hotel1898.com, Metro L3: Liceu. Exzellente mediterrane Küche mit frischen Zutaten vom nahen Mercat de la Boqueria.

La Cantina Mexicana, Encarnació 51, Tel. 932 10 68 05, Bus: 39, 55, 114, 116. Mexikanische Gerichte, Tequila und Liveauftritte im Mariachi-Stil (So geschl.).

La Rosa del Desierto, Plaça Narcís Oller 7, Tel. 932 37 45 90, www.larosadeldesierto.es, Metro L3, L5: Diagonal. Marokkanische Spezialitäten, z. B. Couscous (So abends und Mo geschl.).

Little Italy, Carrer del Rec 30, Tel. 933 19 79 73, www.littleitaly.es, Metro L4: Jaume I. Italienisches Designerlokal in einer früheren Stockfischfabrik, gute Cocktailauswahl, Do abends Live-Jazzmusik (So geschl.).

Yamadori, Aribau 68, Tel. 934 53 92 64, Bus: 7, 14, 64, 68. Gutes japanisches Lokal. Reservierung unerlässlich (So geschl.).

Weinbars

Die spanischen *Bodegas* sind rustikale Weinkeller mit Fässern und umfangreicher Flaschensammlung, die in erster Linie dem Weinverkauf dienen. Viele besitzen aber auch einen Schankraum, in dem man im Stehen oder an einfachen Tischen ein Gläschen probieren kann.

An den Bars der Tapas-Lokale herrscht schon mittags reger Betrieb

La Bodega, Plaça Molina 2, Tel. 932 37 84 34, www.labodegapmolina.com, FGC L6, L7: Plaça Molina. Weinlokal mit Marmortischen und dekorativer Weinflaschen-Präsentation. Im Hinterzimmer Restaurant mit Terrasse (So geschl.).

La Bodegueta, Rambla de Catalunya 100, Tel. 932 15 48 94, Metro L3, L5: Diagonal. Beliebter Treff im Geschäftsviertel. Mittags gibt es ein Menü für die Büroangestellten aus der Nachbarschaft (So geschl.).

Bierbars und Tapas-Lokale

Barcelona ist keine Hochburg des typisch spanischen *Tapeo*. Zwar werden in fast jeder Bar einige kulinarische Kleinigkeiten (*Tapas*) angeboten, aber richtiggehende Tapas-Tempel sind eher eine Ausnahmeerscheinung. Einfache Tapas-Lokale gibt es in der Hafengegend, rund um die Straßenzüge Ample und Mercè. Höheren Standard kann man in folgenden Lokalen erwarten:

Casa Fernández, Santaló 46, Tel. 932 01 93 08, www.casafernandez.com, Bus: 14, 58, 64. Gestylter Lagerraum, viele Biersorten, leckere Kleinigkeiten, eher schickes Publikum.

Cervecería José Luis, Diagonal 520 (Metro L3, L5: Diagonal), Tel. 932 00 75 63, www.joseluis.es. Mundgerechte Montaditos (Canapés und Minibrötchen), warme Köstlichkeiten als Tapas-Portion. Am langen Tresen kommt man bei Bier oder Wein schnell ins Gespräch.

Pinotxo, La Rambla 91, Tel. 933 17 17 31, Metro L3: Liceu. Marktbar und Restaurant im Mercat de La Boquería, vom Haupteingang an den Rambles gleich rechts. Gutes, reichhaltiges Frühstück für Frühaufsteher oder verspätetes Abendessen für Nachtschwärmer (So geschl.).

Quimet & Quimet, Poeta Cabanyes 25, Tel. 934 42 31 42, Metro L2, L3: Paral.lel. Empfehlenswert sind vor allem die Tapas mit Käse – die Vielfalt der Variationen ist scheinbar unerschöpflich (Sa abends, So und im Aug. geschl.).

Cafés

Schon früh am Morgen werden in Barcelona die ersten Espressomaschinen eingeschaltet, auf Bar- und Kaffeehaustresen frische Croissants, Ensaïmades, Xuxos und Magdalenes aufgetürmt. Bauarbeiter treffen sich zum ersten Carajillo (schwarzer Kaffee, in dem der kleine Schuss Brandy nur am Duft zu erkennen ist). Zwischen 10 und 11 Uhr drängt ein Heer von Beamten, Bank- und Büroangestellten in die Cafés. Wer es beschaulicher möchte, weicht auf verträumte Literatencafés aus, in denen man, wie in fast allen Kaffeehäusern Barcelonas, bis weit in die Abendstunden verweilen kann.

TOP TIPP **Bar del Pi**, Plaça Sant Josep Oriol 1, Tel. 933 02 21 23, www.bardelpi.com, Metro L3: Liceu. Berühmte kleine Bar mit Piano. Im Sommer dient die schöne Plaça als Sonnenterrasse [s. S. 44].

Bracafé, Casp 2, Tel. 933 02 30 82, www.bracafe.com, Metro L1, L3: Catalunya. Ausschank von brasilianischem Kaffee mit viel Atmosphäre.

Café de l'Opera, La Rambla 74, Tel. 933 17 75 85, www.cafeoperabcn.com, Metro L3: Liceu. Gegenüber der Oper Gran Teatre del Liceu. Dekoration im Jugendstil, bunt gemischtes Publikum.

Café Zurich, Plaça de Catalunya 1, Tel. 933 17 91 53, Metro L1, L3: Catalunya. Trotz Trubel und Verkehrslärm trifft sich ganz Barcelona noch immer gern im längst modernisierten Traditionscafé Zurich.

TOP TIPP **Els Quatre Gats**, Montsió 3, Tel. 933 02 41 40, www.4gats.com, Metro L1, L3: Catalunya. Kaffeehaus mit Jugendstil-Interieur. Pablo Picasso gehörte einst zu den Stammgästen [Nr. 35].

TOP TIPP **Laie Pau Claris**, Pau Claris 85, Tel. 933 18 17 39, www.laierestaurants.es, Metro L1, L2: Universitat. Freundliche Bürgerwohnung über der Buchhandlung mit Café-Bar, Tagesmenü und à-la-Carte-Restaurant. Im Sommer gibt es Tische im kleinen Garten. Wechselausstellungen, Bücher und Zeitschriften. Nachmittags und abends beliebter Treffpunkt für Gesprächsrunden, mitunter Livemusik (So geschl.).

Mauri, Rambla de Catalunya 102, Tel. 932 15 10 20, www.pasteleriasmauri.com, Metro L3, L5: Diagonal. Heiße Schokolade, Cremetörtchen und Canapés zu stolzen Preisen. Schönes Dekor.

TOP TIPP **Mesón del Café**, Llibreteria 16, Tel. 933 15 07 54, Metro L4: Jaume I. Winzig klein und immer gut besucht. Verschiedene Kaffeespezialitäten. Eine Kuriosität ist die uralte Espressomaschine (So geschl.).

Granges

Eine katalanische Besonderheit sind die **Granges**, Milchgeschäft und Schokoladenausschank in einem, in denen Leckermäuler voll auf ihre Kosten kommen.

Dulcinea, Petritxol 2, Tel. 933 02 68 24, Metro L3: Liceu. Uralte Granja in der schönsten Gasse der Stadt. Beliebter Halt nach dem Einkaufsbummel. Heiße Schokolade auf Schweizer, französische oder spanische Art (Aug. geschl.).

TOP TIPP **Granja Viader**, Xuclà 4, Tel. 933 18 34 86, Metro L3: Liceu. Gilt als älteste Granja der Stadt. Blitzblanke Marmortische. Frischkäse aus eigener Herstellung, Cremespeisen und traumhafte Magdalenes mit Apfelscheiben (Mo vormittags und So geschl.).

Feiertage

Jeweils im Dezember werden die offiziellen Feiertage für das kommende Jahr bekanntgegeben, Abweichungen sind üblich.

1. Januar (Neujahr, *Any Nou*), 6. Januar (Heilige Drei Könige, *Reis*), Karfreitag (*Divendres Sant*), Ostermontag (*Dilluns de Pasqua Florida*), 23. April (Fest des Schutzpatrons St. Georg, *Sant Jordi*, s. S. 121), 1. Mai (Tag der Arbeit, *Dia del Treball*), Pfingstmontag (*Pasqua Granada*), 24. Juni (Johannisfest, *Sant Joan*), 11. September (Nationalfeiertag Kataloniens, *La Diada*), 24. September (Fest der Stadtpatronin, *Festa de la Mercè*), 12. Oktober (Entdeckung Amerikas, *Dia de la Hispanitat*), 8. Dezember (Unbefleckte Empfängnis, *Immaculada Concepció*), 25. Dezember (1. Weihnachtsfeiertag, *Nadal*), 26. Dezember (Stephanstag, *Sant Esteve*)

Festivals und Events

Auch an Werktagen finden die Barcelonesen oft einen Grund, die Arbeit ruhen zu lassen: Es gibt zahlreiche Heilige zu ehren, Messen zu zelebrieren oder Stadtteilfeste zu organisieren.

Januar–April

De Cajón, www.theproject.es. Hochkarätiges internationales Flamenco-Festival (bis März).

Mil.lenni, www.festival-millenni.com. Internationale Konzertreihe im Palau de la Musica und anderen Hallen.

Februar

Carnestoles: Karnevalsumzüge, buntes Treiben und tolle Feuerwerke.

DocsBarcelona, www.docsbarcelona.com. Internationale Dokumentarfilme.

März

Rallye Internacional de Coches de Época Barcelona-Sitges, www.rallyesitges.com. Oldtimer-Rallye von Barcelona nach Sitges.

Zurich Marató de Barcelona, www.zurichmaratobarcelona.es. Marathonlauf durch die City.

März und April

Antiquaris Barcelona, www.antiquarisbcn.com. Antiquitätenmesse, meist in den Messehallen an der Plaça Espanya.

Setmana Santa: Karwoche mit einigen feierlichen Prozessionen.

April und Mai

Trofeo Conde de Godó, www.barcelonaopenbancsabadell.com. Tennis-Cup.

Gran Premio de España, www.circuitcat.com. Großer Preis von Spanien, Formel 1 im Circuit de Catalunya in Montmeló.

Mai

Primavera Sound Festival, www.primaverasound.com. Internationales Indierock-Festival im Parc del Fòrum.

Viele Feste versüßen den Alltag

Als pflichtbewusst und arbeitsam zeigen sich die Katalanen im Alltag, überschäumende Festtagsfreude legen sie dagegen an den Tag, wenn es etwas zu feiern gibt. Den Auftakt des jährlichen Festtagskalenders bildet die **Cavalcada de Reis**, die Prozession der Heiligen Drei Könige, die am späten Nachmittag des 5. Januar durch Barcelona zieht. Am 17. Januar feiert der Stadtteil **Sant Antoni** den gleichnamigen Schutzpatron der Tiere. Umzüge, Straßenkonzerte und die Tierweihe gehören zum Festtagsprogramm.

Nach den Karnevalsfeiern gedenkt der Stadtteil Gràcia am 3. März seines Schutzheiligen **Sant Medir** mit Pferdekutschen-Prozession, Bonbonschlachten und Straßenfesten. Am 23. April feiern die Barcelonesen das wohl schönste Fest des Jahres, das dem katalanischen Schutzpatron **Sant Jordi** gewidmet ist. Buchhändler und Blumenverkäufer bauen an allen Ecken der Stadt ihre Stände auf. Nach alter Tradition verschenken die Barcelonesen als Freundschafts- oder Liebesbekenntnis Bücher und Rosen. Am 11. März wird im Carrer Hospital der farbenfrohe Straßenmarkt **Fires de Sant Ponç** zu Ehren des Schutzpatrons der Pflanzen, Blumen und Früchte aufgebaut. Besonders weibliche Besucher pilgern am 22. Mai zur Kirche Sant Agustí im Carrer Hospital, wo die Heilige **Santa Rita** gemäß der Legende ›das Unmögliche möglich macht‹.

Das Tanzen der Sardana ist ein fester Bestandteil der meisten katalanischen Feste

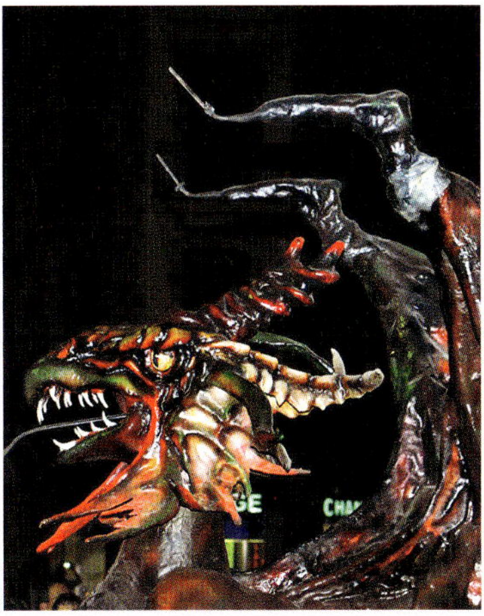

Im September, zur Festa de la Mercè, treiben unheimliche Drachen ihr Unwesen

Der kuriose Brauch des **L'ou com balla** findet anlässlich des Fronleichnamsfestes im Kreuzgang der Kathedrale statt. Dazu wird ein ausgeblasenes Ei auf den Wasserstrahl des Springbrunnens gelegt, und halb Barcelona schaut fasziniert zu, wie das Ei auf und ab tanzt. Feuerwerk, Knallkörper, Konzerte und Bälle auf offener Straße gehören zum Johannisfest **Nit de Sant Joan** in der Nacht vom 23. auf den 24. Juni. Der Juli bringt Musik- und Theateraufführungen im ›Grec‹, der einem griechischen Theater nachempfundenen Freilichtbühne am Montjuïc.

Die **Festa Major** im Bezirk Gràcia lockt Mitte August viele Gäste zu Musikdarbietungen und Nachbarschaftsessen in die geschmückten Straßen des Viertels. Rund 10 Tage dauert ab Mitte September die **Festa de la Mercè**, deren Höhepunkt die traditionellen ›Correfocs‹ (Umzüge mit Feuer speienden Ungeheuern) und die Prozession der ›Gegants‹ (riesige, fantasievoll gekleidete Figuren) sind. Ab Ende September gibt es Weinproben, Buchmessen und die kulinarische **Mostra de la Cuina** auf den breiten Prachtboulevards. Verschiedene Musikfestivals und die vom 8.–24. Dezember dauernde weihnachtliche **Fira de Santa Llucía**, der Krippen- und Kunsthandwerksmarkt rund um die Kathedrale, beenden den Festtagsreigen.

Juni

Sónar Festival, www.sonar.es. Internationales Festival für elektronische Musik und Multimedia-Kunst.

Juni–August

Grec Festival, www.bcn.cat/grec.Theater, Konzerte und Tanzshows im Amphitheater am Fuß des Montjuïc und an anderen Veranstaltungsorten in Barcelona.

August

Trofeo Joan Gamper, www.fcbarcelona.com. Fußballspiel im Estadi Camp Nou des FC Barcelona zu Ehren des Klubgründers.

September

Cursa de la Mercè. Volkslauf anlässlich der Feiern zu Ehren der Schutzpatronin La Mercè.

Oktober und November

Voll-Damm Festival Internacional de Jazz de Barcelona, www.theproject.es. Internationales Jazzfestival im Teatre Coliseum und diversen Klubs.

Dezember

Travessia nedant al Port, www.cnab.org. Traditioneller Schwimmwettbewerb am 25. Dezember, Durchquerung des Hafenbeckens.

Klima und Reisezeit

Am besten besucht man Barcelona im Frühjahr (Mitte März bis Mitte Juni) und im Herbst (September und Oktober), da es im Hochsommer extrem heiß wird, und viele Sehenswürdigkeiten sowie touristische Einrichtungen geschlossen haben.

Klimadaten Barcelona

Monat	Luft (°C) min./max.	Wasser (°C)	Sonnen-std./Tag	Regen-tage
Januar	6/13	13	4	5
Februar	7/14	12	5	5
März	9/16	13	6	8
April	11/18	14	7	9
Mai	14/21	16	8	8
Juni	18/25	19	9	6
Juli	20/28	22	10	4
August	21/28	24	8	6
September	19/25	22	6	7
Oktober	15/21	20	6	9
November	11/16	16	5	6
Dezember	8/13	14	4	6

Kultur live

In allen Zweigstellen von Barcelona Turisme [s. S. 109] ist die Broschüre **Barcelona cultural agenda** erhältlich, in der sämtliche kulturelle aber auch sportliche Events innerhalb von zwei Monaten aufgeführt sind. Im Internet findet man sie bei www.barcelonaturisme.com unter dem Punkt Things to do/Agenda.

Kartenvorverkauf

Die meisten Bühnen unterhalten eigene Ticketbüros und in der Regel kann man Eintrittskarten auch direkt auf den Webseiten bestellen. Außerdem kann man bei www.barcelonaturisme.com Tickets erwerben.

Karten für Rock- und Popkonzerte werden meist in Buchhandlungen, Musikgeschäften oder im Verkaufshäuschen an der Ecke Plaça Universitat und Carrer Aribau verkauft. Auf Flyern und im Veranstaltungskalender der Tageszeitungen sind in der Regel die jeweils zuständigen Vorverkaufsstellen vermerkt.

Oper und Ballett

Gran Teatre del Liceu, Rambles 61, Tel. 934 85 99 00, Ticketreservierung: Tel. 932 74 64 11, www.liceubarcelona.cat, Metro L3: Liceu. Als eines der größten Opernhäuser Europas mit langer Tradition bietet das Liceu Opern, Ballettwochen, und Sinfoniekonzerte [s. S. 42].

Palau de la Música Catalana, Carrer Palau de la Música 4–6, Tel. 902 44 28 82, www.palaumusica.org, Metro L1, L4: Urquinaona. Prachtvoller Modernisme von Domènech i Montaner. Alle Musikrichtungen. Der Besuch ist ein Erlebnis für Augen und Ohren [Nr. 36].

Theater

La Farinera del Clot, Gran Via de les Corts Catalanes 837, Tel. 932 91 80 80, www.farinera.org, Metro L1: Glòries. Tanz, Theater und Konzerte.

La Villarroel, Villarroel 87, Tel. 934 51 12 34, www.lavillarroel.cat, Metro L1: Urgell. Eine der interessantesten Bühnen der Stadt, Erfolge mit internationalen Stücken.

Llantiol, Riereta 7, Tel. 933 29 90 09, www.llantiol.com, Metro L3: Liceu. Unterhaltsame Shows mit Pantomime, Verwandlungskunst und Magie. Das Café-Theater in einer früheren Druckerei diente internationalen Zauberkünstlern und katalanischen Theatergruppen wie Vol Ras und Tricicle als Sprungbrett.

Mercat de les Flors, Lleida 59, Tel. 934 26 18 75, www.mercatflors.org, Metro L1, L3: Espanya. Experimentelles und Avantgardistisches im einstigen Blumenmarkt. Zwischendurch auch ein wenig Klassik, Tanz, Musik und einmal im Jahr der Theatermarathon, ein Podium für Nachwuchskünstler. Die Kuppel über der Eingangshalle wurde von Miquel Barceló gestaltet.

Teatre Condal, Paral.lel 91, Tel. 934 42 31 32, www.teatrecondal.cat, Metro L2, L3: Paral.lel. Musicals, Komödien, Gastspiele von Gruppen aus dem In- und Ausland.

Teatre Lliure, Montseny 47, Tel. 932 28 97 47, www.teatrelliure.com, Metro L3: Fontana. Seit 1976 bürgt das ›Freie Theater‹ für anspruchsvolle Stücke und fantasievolle Bühnenbilder. Empfehlenswert ist auch das Theater-Restaurant im 1. Stock, im Sommer mit Terrasse.

Teatre Nacional de Catalunya, Plaça de les Arts 1, Tel. 933 06 57 00, www.tnc.cat, Metro L1: Marina. Das Staatstheater bietet zeitgenössische Stücke aus Katalonien und dem Rest der Welt.

Puppen- und Kindertheater

Fundació Joan Miró, Plaça Neptú/ Parc de Montjuïc, Tel. 934 43 94 70, www.fundaciomiro-bcn.org, Metro L2, L3: Paral·lel, dann Funicular de Montjuïc, Bus: 50, 55, 193. Kindertheater meist Sa 17.30, So 12 Uhr [Nr. 70].

Jove Teatre Regina, Sèneca 22, Tel. 932 18 15 12, www.jtregina.com, Metro L3, L5: Diagonal. Kinderprogramm Sa 18, So 12 und 18 Uhr.

Konzert

Neben klassischen Konzerten und Sinfonien finden Musikliebhaber das ganze Jahr über ein breit gefächertes Angebot an Jazz-Wochen, Flamenco-Festivals, traditioneller oder zeitgenössischer Musik und vielem mehr.

Casa Elizalde, València 302, Tel. 934 88 05 90, www.casaelizalde.com, Metro L2, L3, L4: Passeig de Gràcia. Konzerte und Tanz.

Espai Cultural Caja Madrid, Plaça de Catalunya 9, Tel. 933 01 44 94, www.obrasocialcajamadrid.es, Metro L1, L3: Catalunya. Konzerte, Ausstellungen und Lesungen.

L'Auditori, Lepaut 150, Tel. 932 47 93 00, www.auditori.org, Metro L1: Marina/ Glòries, L2: Monumental. Funktionalistisches Konzerthaus von Rafael Moneo mit Sinfoniesaal für 2200 Zuhörer. Beherbergt das Orquestra Simfònica de Barcelona i Nacional de Catalunya (OBC), eine Musikschule sowie das Museu de la Música [Nr. 61].

Kino

Filmoteca de la Generalitat de Catalunya, Avinguda de Sarrià 33, Tel. 934 10 75 90, www.gencat.cat, Metro L5: Hospital Clínic. Täglich 3 Vorstellungen, So mittags Kinderprogramm.

Coliseum, Gran Via de les Corts Catalanes 595, Tel. 933 17 14 48, Metro L1, L3: Catalunya. Wunderschöner Kinosaal. Auf dem Programm stehen Kassenschlager.

Maremagnum, Port Vell/Moll d'Espanya, Tel. 902 33 32 31, www.cinesa.es, Metro L3: Drassanes. Kinocenter mit 8 Sälen sowie Imax-Kino im neuen Freizeit- und Einkaufszentrum am alten Hafen. Von der Moll de la Fusta über den Holzsteg Rambla de Mar erreichbar [s. S. 57].

Verdi, Verdi 32, Tel. 932 38 79 90, www.cines-verdi.com, Metro L3: Fontana. Engagiertes Programmkino mit 5 Sälen.

Galerien

Rund um den Carrer Consell de Cent, zwischen Passeig de Gràcia und Balmes, liegt das traditionelle Viertel der Galeristen. Weitere Galerien haben sich im Carrer de València, de Mallorca und in der Rambla de Catalunya dazu gesellt. Avantgardistisch und experimentell geht es um die alte Markthalle des Mercat del Born im Viertel La Ribera zu. **Infos:** www.artbarcelona.es.

Galería Carles Taché, Consell de Cent 290, Tel. 934 87 88 36, www.carlestache.com, Metro L2, L3, L4: Passeig de Gràcia. Preisgekrönte Galerie mit international bekannten spanischen Künstlern (So/Mo geschl.).

Galería Maeght, Montcada 25, Tel. 933 10 42 45, www.maeght.com, Metro L4: Barceloneta/Jaume I. Internationale zeitgenössische Kunst (So geschl.).

Gothsland, Consell de Cent 331, Tel. 934 88 19 22, Metro L2, L3, L4: Passeig de Gràcia. Viel nationaler und internationaler Jugendstil. Wechselnde Malerei-Ausstellungen (So geschl.).

Joan Prats, Rambla Catalunya 54, Tel. 932 16 02 90, www.galeriajoanprats.com, Metro L2, L3, L4: Passeig de Gràcia. Werke katalanischer Maler von Joan Brossa bis Ràfols Casamada in einem früheren Hutgeschäft.

La Sala Vinçon, Passeig de Gràcia 96, Tel. 932 15 60 50, www.vincon.com, Metro L3, L5: Diagonal. Designerladen, einst Wohnsitz von Ramón Casas. Im 1. Stock ausgefallene Installationen. Zur Weihnachtszeit bietet der *Hipermerc' Art* (Kunst-Supermarkt) Werke bekannter Künstler und junger Talente (So geschl.).

Sala Parés, Petritxol 5, Tel. 933 18 70 20, www.salapares.com, Metro L3: Liceu. Gegründet 1840 – die älteste Galerie der Stadt. Auf zwei Etagen Ausstellungen bekannter spanischer Maler (So geschl.).

Nachtleben

Bars

Ein Besuch der zahlreichen gestylten Lokale Barcelonas kommt einer Sightseeing-Tour gleich. Doch eine Klassifizierung der verschiedenen Nachtbars ist nicht einfach. Viele Etablissements bieten Discomusik, Konzerte, Videoshows, Billardtische und Restaurantbetrieb unter einem Dach. Wein-, Cocktail- und Champagner-Bars kann man zum Aperitif schon vor dem Abendessen besuchen. In den einschlägigen Tempeln der Nacht geht der Betrieb aber nicht vor Mitternacht los. Das Auffinden der einzelnen Hotspots ist alles andere als einfach, denn sie sind über die ganze Stadt verstreut. Nur auf den Straßen Aribau und Balmes stockt Freitag- und Samstagnacht der Verkehr. Ein sicheres Zeichen dafür, dass sich hier ein großer Teil des nächtlichen Zirkus abspielt. Schöne Gartenlokale an den Hängen des Tibidabo bieten in den Sommermonaten eine ideale Alternative zu den quirligen Bars der Innenstadt.

Boadas, Tallers 1, Tel. 933 18 95 92, Metro L1, L3: Catalunya. Seit 1933 Treffpunkt von Intellektuellen und Cocktailfans. Schon Ernest Hemingway ging hier ein und aus (So geschl.).

Elephant Club, Passeig dels Til.lers 1, Tel. 933 34 02 58, www.elephantbcn.com, Metro L3: Palau Reial. Der gehobene Klub mit orientalischem Flair lockt in heißen Sommernächten mit großzügigem, exotisch gestalteten Außenbereich. Innen feiern Tanzwütige im Torre zu House- und Elektrobeats (Do–Sa ab 23.30 Uhr).

Harlem Jazz Club, Comtessa Sobradiel 8, Tel. 933 10 07 55, www.harlemjazzclub.es, Metro L3: Liceu. Livemusik: Jazz, Samba oder Tango (So/Mo geschl.).

L'Antiquari de la Plaça del Rei, Veguer 13, Tel. 933 10 04 35, Metro L4: Jaume I. An der Plaça del Rei: Kaffee, Cava und Cocktails, manchmal Livemusik.

Magarita Blue, Josep Anselm Clavé 6, Tel. 934 12 54 89, www.margaritablue.com, Metro L3: Drassanes. Szenebar und Tex-Mex-Restaurant.

Merbeyé, Plaça Dr. Andreu, Tel. 934 17 92 79, www.merbeye.net, Endstation der Straßenbahnlinie Tramvia Blau, Bus: 60, 124, 196. Angenehme Gartenterrasse, raschelnde Palmenblätter und in der Ferne die Lichter der Stadt (Mo–Mi geschl.).

Milk, Gignas 21, Tel. 932 68 09 22, www.milkbarcelona.com, Metro L4: Jaume I. Gemütliche Bar-Lounge mit leckerem, preiswertem Essen und köstlichen Cocktails, dazu Chill-out Musik, Happy Hour tgl. 19–21 Uhr.

TOP TIPP **Mirablau**, Plaça Dr. Andreu 2, Tel. 934 18 58 79, www.mirablaubcn.com, Endstation der Straßenbahnlinie Tramvia Blau, Bus: 60, 124, 196. Ein Balkon über der Stadt mit fantastischem Blick. Ein Aperitif bei Anbruch der Dunkelheit ist ein unvergessliches Erlebnis.

Miramelindo, Pg. del Born 15, Tel. 933 10 37 27, Metro L4: Barceloneta/Jaume I. Gemütliche Bar, im Kolonialstil dekoriert. Publikum aller Altersklassen. Leckere Früchtecocktails, Kuchen und Mousse-Schleckereien.

Quilombo, Aribau 149, Tel. 934 39 54 06, Bus: 6, 7, 14, 58, 64. Ein Klassiker unter den Gitarrenbars des Carrer Aribau. Junge Musiker aus Südamerika geben sich die Klinke in die Hand. Das junge spanische Publikum kennt ihre Texte auswendig.

Shôko, Passeig Marítim de la Barceloneta 36, Tel. 932 25 92 00, www.shoko.biz, Metro L4: Ciutadella-Vila Olímpica. Das Restaurant in hippem Feng Shui Style verwandelt sich zu späterer Stunde in ein Tanzlokal, auf der Terrasse mit runden Sofas kann man sich Meeresluft um die Nase wehen lassen.

Diskotheken

Bikini, Diagonal 547, Tel. 933 22 08 00, www.bikinibcn.com, Metro L3: Maria Cristina. Auf zwei Dancefloors wird bei Latinmusic bzw. Rock die Nacht zum Tag, Konzerte (Mi–So).

Carpe Diem Lounge Club, Passeig Marítim 32, Tel. 932 24 04 70, www.cdlc barcelona.com, Bus: 10, 36, 45. Im indisch anmutenden Interieur tanzt man zu elektronischen Klängen, von der Terrasse hat man einen schönen Blick aufs Meer.

Otto Zutz, Lincoln 15, Tel. 932 38 07 22, www.ottozutz.com, Metro L3: Fontana. Disco-Klub für VIPs. Wenn es auf dem Mode-, Designer- oder Filmsektor etwas zu feiern gibt, wird das Fest bestimmt nachts im ›Otto‹ beendet. Der richtige Look ist Voraussetzung für den Einlass (Mi–Sa, Do Livemusik).

Sala Apolo – Nitsa Club, Nou de la Rambla 113, Tel. 934 41 40 01, www.sala-apolo.com, Metro L2, L3: Paral.lel. Angesagte Parties und Konzerte in einem Tanzsaal aus den 1920er-Jahren.

Sala Razzmatazz, Pamplona 88, Tel. 933 20 82 00, www.salarazzmatazz.com, Metro L1: Marina, L4: Bogatell. Gut besuchter, großer Disco-Klub mit fünf Sälen, der von Rock/Pop über Dance bis HipHop und Oldies alles bietet, auch Livekonzerte.

Tanzsäle

In Barcelona haben einige herrlich altmodische Tanzsäle, die *Salones de baile*, überlebt: Tango, Walzer, Foxtrott und Cha-Cha-Cha für Tänzer jeden Alters.

Dio Club, Carrer Perill 10, Tel. 934 59 05 23, www.dioclub.com, Metro L3, L5: Diagonal. Tanzschule mit öffentlichen Tanzabenden am Wochenende.

Imperator, Còrsega 327, Tel. 932 37 43 22, Metro L3, L5: Diagonal. Moderner Tanzsaal mit Orchester. Büroangestellte, Verkäuferinnen, Damen und Herren mittleren Alters. Korrekte Kleidung ist vorgeschrieben.

Flamenco und Sevillana-Lokale

El Patio Andaluz, Aribau 242, Tel. 932 09 33 78, Bus: 6, 7, 14, 27, 58, 64. Jede Nacht zwei Flamenco-Shows, Restaurantbetrieb, Tanzfläche.

Los Tarantos, Plaça Reial 17, Tel. 933 19 17 89, www.masimas.com, Metro L3: Drassanes/Liceu. Flamenco-Lokal mit exzellentem Liveprogramm, Sänger, Gitarristen und Tänzer aus Andalusien. Nebenan ist der Jazzklub Jamboree, der ebenfalls den Gebrüdern Mas i Mas gehört.

Tablao Cordobés, Rambles 35, Tel. 933 17 57 11, www.tablaocordobes.com, Metro L3: Drassanes. Klassische Flamenco-Show, auf auswärtiges Publikum zugeschnitten (tgl. 20.30, 22 und 23.30 Uhr).

Tablao de Carmen, Avinguda Marqués de Comillas s/n/Poble Espanyol, Tel. 933 25 68 95, www.tablaodecarmen.com, Metro L1, L3: Espanya. Wechselnde Shows mit Stars aus Andalusien (Di–So).

Sport

Die Hotels der gehobenen Preisklasse verfügen in der Regel über Fitness Center, Spa und Schwimmbad oder sogar einen Pool mit Sauna und Solarium auf der Dachterrasse. Wer sich darüber hinaus in Barcelona sportlich betätigen oder an einer Sportveranstaltung teilnehmen möchte, sollte sich vorab informieren bzw. Tickets besorgen.

Fahrradverleih

Barcelona by Bicycle, Esparteria 3, Tel. 932 68 21 05, www.bicicletabarcelona.com, Metro L4: Jaume I

Fat Tire Bike Tours, Escudellers 48, Tel. 933 01 36 12, http://fattirebiketours.com/barcelona, Metro L3: Liceu

Fitnesscenter

DIR Club Gràcia, Gran de Gràcia 37, Tel. 934 15 55 50, www.dir.cat, Metro L3, L5: Diagonal, L3 Fontana. Mitgliedschaft für Tage/Wochen möglich.

Fußball

Camp Nou, Stadion des FC Barcelona, Avinguda d'Aristides Maillol, Tel. 934 96 36 00, www.fcbarcelona.com, Metro L5: Collblanc. Karten für Barça-Spiele in der Primera División sind einen Monat vor Spieltag im Internet erhältlich. Mit Museum [s. S. 40] und Fanshop.

Golf

Rund um Barcelona liegen mehrere Golfplätze, z.B. Campo de Golf El Prat (22 km) im Nordwesten bei Terrassa und Campo de Golf de Sitges (37 km) im Süden, **Infos:** www.barcelonagolf.com.

Montserrat – Pilgerstätte und Felsentürme

Etwa 70 km nordwestlich von Barcelona ragt jäh eine wilde, 5 km breite Felslandschaft aus der Ebene, die im Alttertiär aus Kalk- und Sedimentgestein entstanden ist. Wind und Wasser schliffen und nagten Jahrtausende an dem rund 1200 m hohen **Gebirgsstock**, bis seine Felsentürme ihr heutiges bizarres Aussehen erhalten hatten.

Die Legende erzählt von der wunderbaren Auffindung einer schwarzen **Madonnenstatue** (12. Jh.) in diesem Gebirge. Hirten sollen von einem herrlichen Lichtschein und himmlischen Klängen zu einer Höhle geführt worden sein, in der sie die hölzerne Marienskulptur fanden. Christen, die in der Unzugänglichkeit des Montserrat Schutz vor den Mauren gesucht hatten, hätten die angeblich vom Apostel Lukas geformte Madonna dort versteckt. Man meldete dem zuständigen Bischof den Fund, doch als sich die Statue nicht von der Stelle bewegen ließ, errichtete man um sie herum eine Kapelle.

Sicher ist, dass der Berg sehr früh bewohnt war, es wurden Tonscherben aus der Neusteinzeit und Gräber der Iberer gefunden. Christliche Eremiten hausten in der Einsamkeit des Berges, und schon zur Zeit der Westgoten stand dort wohl eine **Marienkapelle**. Im Jahr 1025 gründete Oliva, Abt der mächtigen Benediktinerabtei Ripoll in den Pyrenäen, am Montserrat ein Tochterkloster. Bald musste ein größerer Neubau errichtet werden, dessen romanisches Portal heute im rechten Teil des Kreuzgangs vor der Basilika aufgestellt ist. Im 12. und 13. Jh. wuchs das Kloster zusehends, 1409 wurde es von Ripoll unabhängig. Die Pilger nach Santiago de Compostela und die Expansion des katalanisch-aragonischen Königreiches hatten den Ruf seines wundertätigen Gnadenbildes weit über die Landesgrenzen hinaus verbreitet. Neben Santiago de Compostela und Guadalupe ist die Schwarze Madonna vom Montserrat – ›La Moreneta‹ (die kleine Dunkle), wie die Figur ihrer Farbe wegen liebevoll genannt wird – Spaniens bedeutendstes **Wallfahrtsziel**.

Eine herausragende Rolle spielte das Kloster in der Renaixença, der katalanischen Nationalbewegung des 19. Jh. 1881 erhob Papst Leo XIII. ›Unsere Liebe Frau vom Montserrat‹ zur Schutzheiligen Kataloniens. Während der Francodiktatur durften nur Benediktiner am Montserrat unbehelligt Katalanisch als Schriftsprache verwenden. Die Gelehrsamkeit seiner Mönche machte das Kloster zu einem kulturellen und geistigen Zentrum.

Eine Besichtigung der zwischen steil abfallenden Felswänden liegenden **Klosteranlage** (Tel. 938777701, www.montserratvisita.com, tgl. 7–18.30 Uhr) mag Architekturinteressierte ein wenig enttäuschen: 1811 hatten die Truppen Napolenons den im Mittelalter stetig gewachsenen Komplex zerstört, woraufhin man ihn im 19. Jh. durch eine allzu glatte Rekonstruktion ersetzte.

Sehenswert ist neben der Schwarzen Madonna aber auch das **Museum** (Mo–Fr 10–17.45, Sa/So 10–18.45 Uhr) mit überaus kostbaren Bibelhandschriften und interessanter Gemäldegalerie.

Strände

Barcelonas Großraum besitzt eine Küstenlinie von 40 km mit zahlreichen Sandstränden. Unweit vom Zentrum liegt der beliebte Sandstrand von La Barceloneta. Weitere schöne Badebuchten findet man bei den Orten Sitges im Süden und St. Pol de Mar im Norden.

Schwimmbäder

Complex Esportiu Municipal Banys Sebastià, Plaça Mar s/n, Tel. 932 21 00 10, www.cnab.cat, Metro L4: Barceloneta, Bus: 17, 39, 64. Frei- und Hallenbäder.

Piscina Municipal de Montjuïc, Avinguda de Miramar 31, Tel. 934 43 00 46, Bus: 50, 55, 61. Freibad (Ende Mai–Aug.).

Piscines Picornell, Avinguda del Estadi 30–38, Tel. 934 23 40 41, www.picornell.cat, Metro L1, L3: Espanya. Ganzjährig geöffnet, auch Nicht-Mitglieder dürfen hier schwimmen.

Segeln

Centre Municipal de Vela, Moll de Gregal s/n, Tel. 932 25 79 40, www.velabarcelona.com, Metro L4: Ciutadella-Vila Olímpica. Einweisung ins Segeln und in kleine Törns. April–Okt. Mi 17, So 11.30 und 14 Uhr. Anmeldung obligatorisch.

Squash

DIR Campus, Dr. Gregorio Marañón 17, Tel. 934 48 41 41, www.dir.cat, Metro L3: Zona Universitària. Squash, Fitness u.a. Mitgliedschaft für Tage/Wochen möglich.

Tennis

Club de Tennis Vall Parc, Carretera de l'Arrabassada 107–127, Tel. 932 12 67 89, www.vallparc.com, Bus: 119

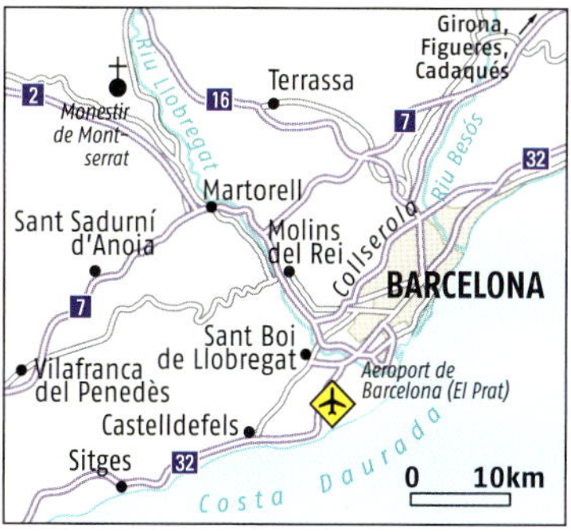

Stadtbesichtigung

Stadtrundfahrten

Barcelona BusTurístic, Plaça Catalunya, www.barcelonabusturistic.cat, tgl. 9–20 Uhr. 1- oder 2-Tagestickets für beliebig viele Fahrten auf drei Panoramabus-Routen (reine Fahrtzeit jeweils 2–3 Std.) mit 44 Haltestellen an den wichtigsten Sehenswürdigkeiten der Stadt. Interessante Hintergrundinformationen über Kopfhörer in 10 Sprachen.

Hafenrundfahrten

Golondrinas, Abfahrt: Portal de la Pau, Monument a Colom, Tel. 934 42 31 06, www.lasgolondrinas.com. Hafenrundfahrt (35 Min.) tgl. 11.15–20.15 Uhr alle 30 Min., Hafen- und Küstenfahrt (90 Min.) tgl. 11.30, 12.30, 13.30, 15.30, 16.30, 17.30, 18.30, 19.30 Uhr. Im Winter eingeschränkt, aktuelle Informationen siehe Webseite.

Touren

Asociación Profesional de Guías Turístico de Cataluña (APIT), Plaça Ramón Berenguer el Gran 1, Tel. 933 19 84 16, www.apit-barcelona.org, Metro L4: Jaume I

Barcelona Guide Bureau (BGB), Via Laietana 54, Tel. 932 68 24 22, www.bgb.es, Metro L1, L4: Urquinaona

Barcelona Walking Tours, organisiert von Barcelona Turisme [s. S. 110]. Spaziergänge zu den Themen Gotik, Picasso, Marina, Gourmet und Modernisme. Auf Englisch, Spanisch oder Katalanisch.

Julià Travel, Ronda Universidad 5, Tel. 933 17 64 54, www.juliatravel.com, Metro L1, L2: Universitat. Stadtbesichtigungen zu Fuß, per Bus, Fahrrad oder Moped. Ferner Thementouren zu Kunst, Kulinarik, Shopping und Ausflüge.

Fahrrad-Touren

Barcelona by Bicycle, Esparteria 3, Tel. 932 68 21 05, www.bicicletabarcelona.com, tgl. 11 Uhr, April–Mitte Sept. Fr–Mo 11 und 16.30 Uhr, Metro L4: Jaume I. 3-stündige Sightseeing-Touren auf Englisch. Treffpunkt: Plaça Sant Jaume, vor dem Tourismusbüro.

Fat Tire Bike Tours, Carrer Sant Honorat 7 , Tel. 933 42 92 75, http://fattirebiketours.com/barcelona, Febr.–Mitte Dez. tgl. 11,

Mitte April–Okt. tgl. 11 und 16 Uhr, Metro L4: Jaume I. Stadtbesichtigung mit englischsprachigem Führer. Treffpunkt: Plaça Sant Jaume, Ecke Carrer de Ferran.

Seilbahnen

Funicular de Montjuïc, Tel. 933187074, im Sommer Mo–Fr 7.30–22, Sa/So 9–22 Uhr, im Winter Mo–Fr 7.30–20, Sa/So 9–20 Uhr. Standseilbahn von der Avinguda Paral.lel auf den *Montjuïc*.

Telefèric de Montjuïc, Tel. 933187074, www.barcelonabusturistic.cat, Juni–Sept. tgl. 10–21, März–Mai, Okt. tgl. 10–19, Nov.–Febr. tgl. 10–18 Uhr. Seilbahn auf den Gipfel des *Montjuïc* (bis Castell) ab der Bergstation des Funicular.

Transbordador Aeri, Tel. 932252718, im Sommer tgl. 11–20, im Winter tgl. 10.30–17.45 Uhr. Seilbahn vom *Montjuïc* über den Hafen bis Barceloneta, Bergstation: neben Café-Restaurant Miramar, Talstationen: Torre Sant Jaume und Torre Sant Sebastià in La Barceloneta.

Funicular del Tibidabo, Tel. 932117942, www.tibidabo.cat. Die Fahrzeiten der Standseilbahn auf den *Tibidabo* wechseln wöchentlich, im Sommer meist Mi–So 10.45–21.15, im Winter meist Sa/So 10.45–17.15 Uhr im 15/30 Min.-Takt. Ein nostalgisches Vergnügen ist es, mit der **Tramvia Blau** (www.tmb.cat, im Sommer tgl. 10–20, im Winter Sa/So/Fei 10–18 Uhr) zur Talstation zu fahren. Die liebenswerte Straßenbahn von 1901 verkehrt zwischen der Plaça J. F. Kennedy (FGC L7: Avinguda Tibidabo) und der Standseilbahn-Talstation auf halber Höhe des *Tibidabo*.

Aussichtspunkte

Monument a Colom, Tel. 933025224, Metro L3: Drassanes, Juni–Sept. tgl. 9–20.30, Okt.–Mai tgl. 10–18.30 Uhr. Lift zur Aussichtsplattform in etwa 50 m Höhe. Blick auf den Hafen, die Rambles und die Altstadt [Nr. 23].

Montjuïc, den 213 m hohen Stadtberg, erreicht man ab Plaça Espanya (Metro L1, L3: Espanya) zu Fuß bzw. über Rolltreppen oder mit dem Bus 61, ab Avinguda Paral.lel (Metro L2, L3: Paral.lel) mit der Funicular de Montjuïc. Der Montjuïc bietet zahlreiche schöne Aussichtspunkte, vom Mirador del Migdia genießt man den besten Blick auf die Olympia-Anlagen. Auf der anderen Seite des Berges erschließt sich vom Café-Restaurant **Miramar** (Carretera Miramar 40, Tel. 934436627, www.club-miramar.es, So abends und Mo geschl.) ein herrliches Panorama mit Stadt und Hafen.

Tibidabo, ein 512 m hoher Berg, ist Teil des Collserola-Höhenzugs, der die Stadt im Nordwesten begrenzt. Bereits auf halber Höhe, dort, wo die Straßenbahnlinie Tramvia Blau endet, ist der Blick auf die Stadt fantastisch. Bis zur Bergspitze mit Kirche und Vergnügungspark führt die Standseilbahn Funicular del Tibidabo. Die Kuppe des Tibidabo wird vom 288 m hohen **Torre de Collserola** (Tel. 932117942, www.torredecollserola.com, im Sommer meist Mi–So 12–14 und 15.15–20, im Winter meist Sa/So 12–14 und 15.15–18 Uhr) überragt. Der Funkturm entstand 1992 nach Plänen des britischen Architekten Sir Norman Foster. Die verglaste Besucherplattform liegt auf 115 m Höhe [Nr. 77].

Ausflugsziele

Cadaqués: Malerische Sommerfrische am Cabo Creus, 170 km nördlich von Barcelona, Künstlertreffpunkt, zahlreiche Galerien und ausgezeichnete Restaurants. Anreise: Autobahn AP7 oder Nationalstraße N-II bis Figueres, dann Landstraße C260, Busse ab Estació d'Autobusos de Barcelona Nord (Metro L1: Arc de Triomf). Tourist-Information, Tel. 972258315, www.visitcadaques.org

Figueres: Hauptstadt des Landkreises Alt Empordà, 140 km nördlich von Barcelona. Sehenswert: das Teatre-Museu Dalí (Tel. 972677500, www.salvador-dali.org) des katalanischen Malers Salvador Dalí und das Spielzeugmuseum (Tel. 972504585, www.mjc.cat). Anreise: Autobahn AP7/E15 Richtung La Jonquera, Ausfahrt 4 Figueres, Züge ab Bahnhof Sants oder Bahnhof Passeig de Gràcia. Tourist-Information, Tel. 972503155, www.figueres.es

Girona: Etwa 100 km nördlich von Barcelona. Provinzhauptstadt mit 90000 Einwohnern, sehenswerte Altstadt, Kathedrale, Museen, Stadtmauer, Judenviertel. Anreise: AP7/E15 Richtung La Jonquera, Ausfahrt 8 Aeropuerto, dann NII Richtung Girona. Tourist-Information, Tel. 872975975, www.girona.cat

Montserrat: Etwa 70 km nordwestlich von Barcelona. Bedeutendes Benediktinerkloster (Kirche tgl. 7–18.30, Museen tgl.

10–17.45 Uhr) und imposantes Bergmassiv mit Wanderwegen. Anreise: Autobahn AP7 Richtung Tarragona/Lleida (Ausfahrt 25), Züge der FGC etwa alle 60 Min. ab Plaça d'Espanya, Tel. 932 05 15 15, www.fgc.net, Bus: Tagesausflüge z. B. mit Julia Travel [s. S. 127]. Tourist-Information, Tel. 938 77 77 01, www.montserratvisita.com [s. S. 126].

Sant Sadurní d'Anoia: 44 km südlich von Barcelona. Wichtiges Weinanbaugebiet und Zentrum der katalanischen Schaumweinkellereien (Las Cavas). Besichtigung verschiedener Betriebe ist möglich. Einer der größten und schönsten ist Cavas Codorníu (Tel. 935 05 15 51, www.codorniu.es). In der Nähe liegt Vilafranca del Penedés, Hauptstadt der Region. Sehenswert: Jugendstilhäuser im Zentrum, Weinmuseum (Tel. 938 90 05 32, Di–Sa 10–14 und 16–19 Uhr, So 10–14 Uhr). Anreise: AP7/E15 Richtung Lleida/Tarragona (Ausfahrt 27), Züge ab Bahnhof Sants. Tourist-Information Vilafranca, Tel. 938 18 12 54, www.turismevilafranca.com

TOP TIPP **Sitges:** 37 km südlich von Barcelona. Lieblicher Badeort an der Costa de Garraf mit weißen Häusern, sehenswerten Museen und vielseitigem Veranstaltungsprogramm, darunter Filmfestival, Oldtimerrallye und Theatertage. Anreise: Autovía de Castelldelfels (C31) oder Autopista de Pau Casals (C32), Züge ab Bahnhof Passeig de Gràcia oder Sants. Tourist-Information, Tel. 938 94 42 51, www.sitgestur.cat

Tossa de Mar: Sommerfrische an der Costa Brava 85 km nordwestlich von Barcelona mit römischen Siedlungsresten, mittelalterlicher Stadtmauer, Kieselstrand und exzellenten Restaurants. Anreise: C32 bis zur Ausfahrt Tossa, dann der Beschilderung folgen, Busse ab Estació del Nord (Metro L1: Arc de Triomf). Tourist-Information, Tel. 972 34 01 08, www.infotossa.com

Statistik

Bedeutung: Barcelona ist Hauptstadt der *Comunitat Autónoma de Catalunya* und Sitz der Autonomen Landesregierung Kataloniens (*Generalitat*). Sie ist die zweitgrößte Stadt Spaniens. Älteste Industriestadt des Landes. Erzbistum.

Lage: 41°24'42" nördlicher Breite, 2°7'42" östlicher Länge. Höhe bis 512 m ü.d.M. (Tibidabo).

Wirtschaft: Bedeutender Mittelmeerhafen, Textil-, Metall-, Pharmaindustrie. Produktionsstätte von Seat und Nissan. Im 21. Jh. Ausbau des Dienstleistungssektors, Ansiedlung von Firmen der modernen Technologien.

Einwohner: 1,6 Mio., Großraum: 4,8 Mio.

Stadtgebiet: 100 km^2

Grünzonen: 844 ha

Hafen: 1065 ha, Liegeplätze 20 km (größter Hafen am Mittelmeer)

Küstenlinie: 13,2 km

Stadtwappen: Kreuz der Kathedrale sowie die rot-gelben Querstreifen der Grafen von Barcelona

Unterkunft

Zahlreiche Hotel-Webseiten und die Tourismusbüros [s. S. 109] bieten umfangreiche Hotellisten zu Barcelona. Die meisten geben auch Orientierungshilfen anhand von Buchungspräferenzen und Gästekommentaren. Eine frühzeitige Reservierung ist in jedem Fall empfehlenswert, denn das ganze Jahr über sorgen immer wieder große Messen sowie Kultur- und Sport-Events für eine hohe Auslastung. Im Folgenden eine Auswahl empfehlenswerter Unterkünfte.

Albergue Juvenil

Xanascat, Tel. 934 83 83 63, Tel. 934 83 83 41, www.xanascat.com. Die Agentur vermittelt Betten in sieben Jugendherbergen.

Pere Tarrés, Numància 149–151, Tel. 934 10 23 09, www.peretarres.org/alberg, Metro L3: Les Corts

Hostels

Hostal Gat Raval, Joaquín Costa, 44, Tel. 934 81 66 70, www.gatrooms.es, Metro L2: Sant Antoni. Schickes Hostel mit Blick auf das Museu d'Art Contemporani.

Hostal Gat Xino, Carrer Hospital 155, Tel. 933 24 88 33, www.gatrooms.es, Metro L2, L3: Paral.lel. Auch dieses Hostel der Kette in unmittelbarer Nähe der Rambles ist empfehlenswert.

Hostal Levante, Baixada de Sant Miquel 2, Tel. 933 17 95 65, www.hostallevante.com, Metro L4: Jaume I. Einfach ausgestattete Zimmer, einige auch ohne Bad. Dafür preisgünstig und mitten im Barri Gòtic.

Hotels

TOP TIPP *****L **Claris**, Pau Claris 150, Tel. 934 87 62 62, www.derbyhotels.com, Metro L2, L3, L4: Passeig de Gràcia. Nobelherberge im Palast der Grafen von Vedruna mit Garten. Konzeption durch die Star-Architekten Bohigas, Mackay und Martorell. Edle Ausstattung in Teak, Marmor und Kupfer. 120 Zimmer und Suiten für höchste Ansprüche. Tapas- Bar, Terrassenrestaurant und Pool.

*****L **El Palace**, Gran Via de les Corts Catalanes 668, Tel. 935 10 11 30, www.hotelpalacebarcelona.com, Metro L1, L3: Catalunya, L1, L4: Urquinaona. Plüschige Luxusherberge mit bombastischem Dekor. Seit 1919 residieren hier Spitzenpolitiker, Weltstars und andere VIPs. Das Restaurant Caelis hat einen Michelin-Stern.

*****L **Hotel Arts,** Carrer Marina 19–21, Tel. 932 21 10 00, www.hotelartsbarcelona.com, Metro L4: Ciutadella-Vila Olímpica. Das Hotel der Ritz-Carlton-Gruppe liegt am Sandstrand des Vila Olímpica mit fünf Restaurants, Garten und Pool, Dachterrasse und Wellness Spa.

*******Le Méridien Barcelona**, La Rambla 111, Tel. 933 18 62 00, www.lemeridienbarcelona.com, Metro L3: Liceu. Stilvoll-modernes Hotel mit eleganten Zimmern und Hightech-Ausstattung. Restaurant, Café und Bar mit Blick auf die Rambles. Spa mit vielseitigem Massage- und Kosmetik-Programm.

******Casa Camper**, Carrer Elisabets 11, Tel. 933 42 62 80, www.casacamper.com/barcelona, Metro L1, L3: Catalunya. Cooles Designerhotel in der Nähe der Rambles und des Museu d'Art Contemporani. Die 20 Zimmer und 5 Suiten kommen mit Lounge und Balkon.

******Colón**, Avinguda Catedral 7, Tel. 933 01 14 04, www.hotelcolon.es, Metro L1, L4: Urquinaona. Gediegenes Hotel in der Altstadt mit freundlichem Service. Mehrere Zimmer und Suiten sowie das Restaurant bieten schöne Ausblicke auf die Kathedrale.

TOP TIPP ******Condes de Barcelona**, Passeig de Gràcia 73–75, Tel. 934 45 00 00, www.condesdebarcelona.com, Metro L3, L5: Diagonal. Die Casa J. Daurella und Casa E. Batlló aus dem 19. Jh. bilden den Rahmen für eines der schönsten Hotels der Stadt. Einige der modern gestylten Zimmer haben Balkone oder Erker mit Blick auf Gaudís Casa Milà. Das Restaurant Lasarte trägt zwei Michelin-Sterne, und die Dachterrassen locken mit Bars und Pools.

******Grand Hotel Central**, Via Laietana 30, Tel. 932 95 79 00, www.grandhotelcentral.com, Metro L4: Jaume I. Hippes Hotel in einem Palais von 1926 neben der Catedral. Die Zimmer mit der Endziffer 5 haben den schönsten Ausblick. Das Ávalon Restaurant des Starkochs Ramon Freixa und die Dachterrasse mit Pool bieten unvergessliche Genüsse.

******H10 Casanova**, Gran Via de les Corts Catalanes 559, Tel. 933 96 48 00, www.hotelh10casanova.com, Metro L1: Urgell, L1, L2: Universitat. Schickes Designhotel in restauriertem Altbau nahe der Plaça Catalunya mit Restaurant.

TOP TIPP ******Hotel 1898**, Rambla dels Estudis 109, Tel. 935 52 95 52, www.hotel1898.com, Metro L3: Liceu. Exzellentes und sympathisches Hotel in zentraler Lage an der Rambla und unweit der Oper. Schicke Zimmer im Streifenlook und edle Bäder von klassisch bis zu Kolonialsuiten mit Privatpool. Das Restaurant H1898 blickt auf die Rambles, auf der Dachterrasse lockt das gestylte Bar-Restaurant La Isabela. Luxuriöse Spa & Wellness Abteilung mit Pool [s. S. 39].

******Montecarlo**, La Rambla 124, Tel. 934 12 04 04, www.montecarlobcn.com, Metro L1, L3: Catalunya. Hotel in einem alten Stadtpalais mit modern ausgestatteten Zimmern. Hübscher Frühstücksraum und nette Bar. Dachterrasse mit Sonnenliegen und herrlichem Blick über die Rambles und die Altstadt.

******Regente**, Rambla de Catalunya 76, Tel. 934 87 59 89, www.hcchotels.es, Metro L3, L5: Diagonal. Hotel in Gebäude des Modernisme von Domènech i Montaner. Von der Dachterrasse mit Bar und Pool hat man eine schöne Aussicht.

******Silken Gran Hotel Havana**, Gran Via de les Corts Catalanes 647, Tel. 933 41 70 00, www.hoteles-silken.com, Metro L1, L4: Urquinaona. Hotelpalast mit ausgezeichnetem Service und schicken Zimmern. Piano Bar und exzellentes Restaurant Grand Place. Café auf der Dachterrasse.

******St. Moritz**, Diputació 264, Tel. 934 12 15 00, www.hcchotels.es, Metro L2, L3, L4: Passeig de Gràcia. Modernes Hotel in einem klassizistischen Palais mit 91 gut ausgestatteten Zimmern. Restaurant St. Gallen, Bar und Gartenterrasse.

*****Atlantis**, Carrer Pelai 20, Tel. 933 18 90 12, www.hotelatlantis-bcn.com, Metro L1, L2: Universitat, L1, L3: Catalunya. Hotel mit 50 sachlich gestalteten, gepflegten Zimmern und Salons.

*****Banys Orientals**, Argenteria 37, Tel. 932 68 84 60, www.hotelbanysorientals.com, Metro L4: Jaume I. Zentral im Viertel La Ribera (El Born) gelegenes Boutique-Hotel mit freundlichen und recht günstigen Zimmern.

*****Curious**, Carrer del Carme 25, Tel. 933 01 44 84, www.hotelcurious.com, Metro L3: Liceu. Einfaches frisches Hotel nur wenige Schritte von den Ramblas entfernt. Die kleinen adretten Zimmer sind mit Barcelona-Fototapeten dekoriert. Frühstücksbüffet.

*****Reding**, Gravina 5–7, Tel. 934 12 10 97, www.hotelreding.com, Metro L1, L2: Universitat, L1, L3: Catalunya. Boutique-Hotel mit 44 witzig gestylten Zimmern, manche mit Terrasse. Restaurant und Cafeteria.

*****Regencia Colón**, Sagristans 13–17, Tel. 933 18 98 58, www.hotelregenciacolon.com, Metro L1, L4: Urquinaona. Angenehmes Hotel unweit der Kathedrale. Die 50 gepflegten Zimmer bieten altmodisches Blümchen-Dekor.

****Paral.lel**, Poeta Cabanyes 5–7, Tel. 933 29 11 04, www.nnhotels.com, Metro L2, L3: Paral.lel. Nettes Hotel mit modern ausgestatteten Zimmern, besonders ruhig zum hellen Innenhof.

****Vía Augusta**, Via Augusta 63, Tel. 932 17 92 50, www.hotelviaaugusta.com, FGC L6, L7: Gràcia. Die 55 Zimmer liegen auf den obersten 4 Stockwerken eines Wohnhauses. Hübsches Foyer, große Dachterrasse und schöne Ausblicke.

***Oasis**, Plaça del Palau 17, Tel. 933 19 43 96, www.hoteloasisbarcelona.com, Metro L4: Barceloneta. Zweckmäßiges Hotel mit 105 Zimmern neben dem Bahnhof Estació de França mit Aussicht auf die Hafenpromenade Moll de la Fusta.

***Peninsular**, Sant Pau 34, Tel. 933 02 31 38, www.hpeninsular.com, Metro L3: Liceu. Einfache, attraktive, bei jungen Leuten beliebte Jugendstilherberge im Barrio Chino mit begrüntem Innenhof. Die schlichten Zimmer kommen wahlweise mit oder ohne Bad.

Verkehrsmittel

Information

Über das gesamte Nahverkehrsnetz informiert die Internetseite www.tmb.cat.

Zentrale Informationen zu allen öffentlichen Verkehrsmitteln in Barcelona gibt es unter Tel. 010 (in Barcelona, auch mobil) und Tel. 807 11 77 00 (von außerhalb).

Bus

Das **Busnetz** (www.emt-amb.com) stellt die Verbindung mit allen Stadt- und Außenbezirken sicher. Fahrscheine werden beim Fahrer gelöst oder als verbilligte Zehnerkarten T-10 an den Metroschaltern gekauft.

Nachts verkehren 17 **Nit-Bus-Linien**, die ihren Ausgangs- und Endpunkt an der Plaça Catalunya haben.

Der **Aerobus** (www.aerobusbcn.com) fährt ab Plaça Catalunya über Plaça Espanya alle 5 Min. zum Flughafen El Prat. Linie A1 fährt zum Terminal 1, Linie A2 zum Terminal 2. Tickets am bzw. im Bus, Fahrtzeit ca. 35 Min.

Metro

Die **Metro** (www.tmb.cat) ist das bei weitem schnellste und bequemste Verkehrsmittel der Stadt. Sie fährt So–Do 5–24 Uhr, Fr 5–2, Sa 0–24 Uhr. Die Linien L6, L7, L8 gehören zum Netz der FGC (Ferrocalils de la Generalitat de Catalunya, www.fgc.net), sie sind jedoch an das Metronetz angeschlossen. Einzeltickets sowohl für Metro als auch für FGC werden am Schalter verkauft. Alle Informationsstellen verkaufen auch die 2–5 Tage gültige *Barcelona Card* [s. S. 110]. Einige Metrostationen besitzen nur Ticketautomaten (Wechselgeld bereithalten!). Zehnerkarten (T-10) sind deutlich günstiger. Bei mehreren Fahrten täglich lohnt sich der Kauf eines Tagestickets (T-Día). Die T-10 ist übrigens auch für den Flughafenzug der Renfe gültig.

Zu beachten: Mit der T-10 kann man von der Metro in den Bus umsteigen, aber nicht umgekehrt.

Tram

In Barcelona gibt es sechs Straßenbahnlinien, **Tram** (www.tram.cat), die auf dem Metroplan mit T1 bis T6 in grüner Farbe verzeichnet sind. Gültig sind dieselben Tickets wie für Bus und Metro.

Standseilbahn und Seilbahn

Von besonderem touristischen Interesse sind die **Funicular** und **Telefèric** genannten Seil- und Standseilbahnen, die auf die Berge Tibidabo und Montjuïc hinauffahren, zu den Freizeitparks, Aussichtspunkten und Museen. Erlebnisreich sind auch Fahrten mit der Straßenbahn **Tramvia Blau** auf den Tibidabo und mit der Gondelbahn **Transbordador Aeri** vom Montjuïc nach La Barceloneta [s. S. 128].

Schiff

Acciona Trasmediterránea, Abfahrt am Terminal Moll de Sant Bertran, Tel. 902 45 46 45, www.trasmediterranea.es. Fähren zwischen Barcelona und Mallorca, Menorca und Ibiza.

Golondrinas, Portal del Pau, Monument a Colom, Tel. 934 42 31 06, www.lasgolondrinas.com. Schiffsverkehr und Rundfahrten vom Moll de la Fusta, durch den Hafen und zum Port Olímpic [s. S. 127].

Mietwagen

Für Mitglieder bietet die **ADAC Autovermietung** GmbH günstige Konditionen. Buchungen über die jeweiligen ADAC Geschäftsstellen oder unter Tel. 018 05 31 81 81 (0,14 €/Min. aus dem deutschen Festnetz, max. 0,42 €/Min. aus Mobilfunknetzen).

In der Ankunftshalle des Flughafens und in Barcelona selbst sind mehrere Mietwagen-Agenturen vertreten.

Taxi

Radio Taxi, Tel. 932 25 00 00, www.radiotaxibcn.org

Wenn ein Taxi frei ist, leuchten auf dem Dach ein grünes Licht und der gelbe Taxi-Schriftzug Je nach Tageszeit, Wochentag und Zonen gibt es unterschiedliche Tarife. Zuschläge gibt es für telefonische Vorbestellung, für Fahrten vom und zum Flughafen sowie für die Mitnahme von großen Gepäckstücken.

Sprachführer

Spanisch und Katalanisch für die Reise

Das Wichtigste in Kürze

	Spanisch (Kastilisch)	Katalanisch
Ja/Nein	*sí/no*	*sí/no*
Bitte/Danke	*por favor/gracias*	*si us plau/gràcies*
Entschuldigung!	*¡perdón!/¡perdone!*	*disculpi!/disculpa!*
Können Sie mir bitte helfen?	*¿Puede ayudarme, por favor?*	*Pot ajudar-me, si us pla*
Das gefällt mir (nicht).	*(No) Me gusta.*	*(No) M'agrada.*
Ich möchte …	*Quisiera …*	*Voldria …*
Haben Sie …?	*¿Tiene usted …?*	*Té …?*
Wie viel kostet das?	*¿Cuánto cuesta?*	*Quant és?*
Kann ich mit Kreditkarte bezahlen?	*¿Puedo pagar con la tarjeta de crédito?*	*Puc pagar amb targeta de crèdit?*
Wie viel Uhr ist es?	*¿Qué hora es?*	*Quina hora és?*
Guten Morgen!/Guten Tag!	*¡Buenos días!*	*Bon dia!*
Guten Abend!/Gute Nacht!	*¡Buenas tardes!/¡Buenas noches!*	*Bona tarda!/Bona nit!*
Hallo!/Grüß dich!	*¡Hola!/¿Qué tal?*	*Hola/Què hi ha?*
Wie ist Ihr Name, bitte?	*¿Cómo se llama usted, por favor?*	*Com es diu, si us plau?*

Wochentage

Montag	*lunes*	*dilluns*
Dienstag	*martes*	*dimarts*
Mittwoch	*miércoles*	*dimecres*
Donnerstag	*jueves*	*dijous*
Freitag	*viernes*	*divendres*
Samstag	*sábado*	*disabte*
Sonntag	*domingo*	*diumenge*

Monate

Januar	*enero*	*gener*
Februar	*febrero*	*febrer*
März	*marzo*	*març*
April	*abril*	*april*
Mai	*mayo*	*maig*
Juni	*junio*	*juny*
Juli	*julio*	*juliol*
August	*agosto*	*agost*
September	*septiembre*	*setembre*
Oktober	*octubre*	*octubre*
November	*noviembre*	*novembre*
Dezember	*diciembre*	*desembre*

Zahlen

0	*cero*	*zero*
1	*uno*	*un/una*
2	*dos*	*dos/dues*
3	*tres*	*tres*
4	*cuatro*	*quatre*
5	*cinco*	*cinc*
6	*seis*	*sis*
7	*siete*	*set*
8	*ocho*	*vuit*
9	*nueve*	*nou*
10	*diez*	*deu*
11	*once*	*onze*
12	*doce*	*dotze*
13	*trece*	*tretze*
14	*catorce*	*catorze*
15	*quince*	*quinze*
16	*dieciséis*	*setze*
17	*diecisiete*	*disset*
18	*dieciocho*	*divuit*
19	*diecinueve*	*dinou*
20	*veint*	*vint*
21	*veintiuno, -a*	*vint-i-un*
22	*veintidós*	*vint-i-dos*
30	*treinta*	*trenta*
40	*cuarenta*	*quaranta*
50	*cincuenta*	*cinquanta*
60	*sesenta*	*seixanta*
70	*setenta*	*setanta*
80	*ochenta*	*vuitanta*
90	*noventa*	*noranta*
100	*cien, ciento*	*cent*
101	*ciento uno*	*cent un*
200	*doscientos, -as*	*dos-cents*
300	*trescientos,-as*	*tres-cents*
400	*cuatrocientos,-as*	*quatre-cents*
500	*quinientos,-as*	*cinc-cents*
600	*seiscientos,-as*	*sis-cents*
700	*setecientos, -as*	*set-cents*
800	*ochocientos, -as*	*vuit-cents*
900	*novecientos, -as*	*nou-cents*
1000	*mil*	*mil*
2000	*dos mil*	*dos mil*
10 000	*diez mil*	*deu mil*
1 000 000	*un millón*	*un milió*
¼	*un cuarto*	*un quart*
½	*medio*	*mig*

	Spanisch (Kastilisch)	Katalanisch
Mein Name ist …	*Me llamo …*	*Em dic …*
Wie geht es Ihnen?	*¿Qué tal está usted?*	*Com està?*
Auf Wiedersehen!/Tschüs!	*¡Adiós!/¡Hasta luego!*	*Adéu-siau!/Adéu!*
Bis morgen!	*¡Hasta mañana!*	*Fins demà!*
gestern/heute/morgen	*ayer/hoy/mañana*	*ahir/avui/demà*
am Vormittag/am Nachmittag	*por la mañana/por la tarde*	*al matí/a la tarda*
am Abend/in der Nacht	*por la tarde/por la noche*	*a la tarda/a la nit*
um 1 Uhr/2 Uhr …	*a la una/a les dos …*	*a la una/a les dos ...*
um … Uhr 30	*a la/las … y media*	*dos quarts de …*
Minute(n)/Stunde(n)	*minuto(s)/hora(s)*	*minut(s)/hora (hores)*
Tag(e)/Woche(n)	*día(s)/semana(s)*	*dia (dies)/setmana (setmanes)*
Monat(e)/Jahr(e)	*mes(es)/año(s)*	*mes(os)/any(s)*

Unterwegs

Nord/Süd/West/Ost	*norte/sur/oeste/este*	*nord/sud/oest/est*
oben/unten	*arriba/abajo*	*amunt/avall*
geöffnet/geschlossen	*abierto/cerrado*	*obert/tancat*
geradeaus/links/ rechts/zurück	*derecho/ a la izquierda/ a la derecha/ atrás*	*tot dret/ a l'esquerra/ a la dreta/enrera*
nah/weit	*cerca/lejos*	*prop/lluny*
Wie weit ist das?	*¿A qué distancia está?*	*És molt lluny això?*
Wo sind die Toiletten?	*¿Dónde están los aseos?*	*On es el lavabo?*
Wo ist der Flughafen/ der Fährhafen/die Polizei?	*¿Dónde está el aeropuerto/ el puerto/una policía?*	*On és l'aeroport/ el port/una policia?*
Wo finde ich … eine Bäckerei/ ein Lebensmittelgeschäft/ den Markt?	*¿Dónde encuentro una panadería/ un supermercado/ el mercado?*	*On hi ha per aquí … un forn/una fleca un supermercat/ el mercat?*
Ist das der Weg/ die Straße nach …?	*¿Es este el camino/ la carretera a …?*	*És aquest el camì per …/ És aquesta la carretera a ?*
Ich möchte mit … dem Zug/dem Bus/ der Fähre/dem Flugzeug nach … fahren.	*Quisiera ir en ... tren/autobús/ ferry/avión a …*	*Voldria anar amb … tren/autobús/autocar/ ferry/avió a …*

Hinweise zur Aussprache – Spanisch und Katalanisch

c	vor ›a, o, u‹ wie ›k‹, z. B.: casa, caja vor ›e‹ und ›i‹ ähnlich dem englischen ›th‹, z. B.: gracias, cinc
ch	wie ›tsch‹, z. B.: leche
g	vor ›e‹ und ›i‹ wie ›ch‹, z. B.: gente
gue, gui	wie ›ge, gi‹, z. B.: guiso, pague
h	ist immer stumm
j	wie ›ch‹, z. B.: jamón
ll	zwischen Vokalen wie ›lj‹ z. B.: tortilla, llum
ñ	wie ›nj‹, z. B.: niño
que, qui	wie ›ke, ki‹, z. B.: queso, quiero, porque
s	vor ›b, d, g, l, m, n‹ weiches ›s‹, z. B.: isla, sonst immer scharfes ›s‹
v	wie ›b‹, z. B.: via, vino
z	ähnlich dem englischen ›th‹, z. B.: tenaz

Besonderheiten des Katalanischen

ç	wie scharfes ›s‹, z. B.: França, dolços
g	vor ›e‹ und ›i‹ wie in Garage, z. B.: coratge, ›ig‹ am Wortende wie ›dsch‹, z. B.: puig
j	wie ›g‹ in Garage, z. B.: menjar
ny	wie ›gn‹ in ›Champagner‹, z. B.: Catalunya
s	am Anfang und Ende des Wortes scharfes ›s‹, z. B.: sis, vas, seda zwischen zwei Vokalen weiches ›s‹, z. B.: ase
ss	zwischen zwei Vokalen scharfes ›s‹, z. B passa
x	wie ›sch‹, z. B.: caixa
z	wie weiches ›s‹, z. B.: onze, setze

	Spanisch (Kastilisch)	Katalanisch
Ich möchte eine Anzeige erstatten.	*Quisiera hacer una denuncia.*	*Voldria fer una denúncia.*
Man hat mir ... Geld/die Tasche/ die Papiere/die Schlüssel/ den Fotoapparat/ den Koffer gestohlen.	*Me han robado ... el dinero/el bolso/ los documentos/las llaves/ la cámara fotógrafica/ la maleta.*	*M'han robat ... els diners/la cartera/ la documentació/les claus/ l'aparell fotogràfic/ la maleta.*

Bank, Post Telefon

Wo ist die (der) nächste ... Telefonzelle/ Bank/Post/ Geldautomat?	*¿Dónde está ... la cabina telefónica/ el banco/el correo/ el cajero automático más cerca?*	*On hi ha per aquí prop ... una cabina telefònica/ un banc/un correu/ un caixer automàtic?*
Brauchen Sie meinen Ausweis?	*¿Necesita mi documento de identidad?*	*Necessita el meu carnet d'identitat?*
Haben Sie ... Telefonkarten/Briefmarken?	*¿Tiene Usted ... tarjetas de teléfono/sellos?*	*Té targetes ... de telèfon/segells?*

Tankstelle

Wo ist die nächste Tankstelle?	*¿Dónde está la estación de servicio más cercana?*	*On és la benzinera més propera?*
Ich möchte ... Liter ... Super/Diesel/ bleifrei.	*Quisiera ... litros de ... gasolina super/diesel/ gasolina sin plomo.*	*Voldria ... litres de ... gasolina/super/diesel/ sense plom.*
Volltanken, bitte!	*¡Lleno, por favor!*	*Ple, si us plau!*
Bitte prüfen Sie ... den Ölstand/ die Batterie.	*Controle, por favor ... el nivel del aceite/ la batería.*	*Controli, si us plau ... el nivell de l'oli/ la bateria.*

Panne

Ich habe eine Panne.	*Tengo una avería.*	*Tinc una avaria.*
Der Motor startet nicht.	*El motor no arranca.*	*El cotxe no s'engega.*
Ich habe kein Benzin.	*No tengo gasolina.*	*No tinc gasolina.*
Gibt es hier in der Nähe eine Werkstatt?	*¿Hay algún taller por aquí cerca?*	*On hi ha per aqui aprop un taller?*
Können Sie mir einen Abschleppwagen schicken?	*¿Puede enviarme una grua?*	*Pot enviar-me una grua?*
Können Sie den Wagen reparieren?	*¿Puede repara el coche?*	*Pot reparar-me el cotxe?*
Bis wann ist er fertig?	*¿Cuándo estará listo?*	*Quant tardaran a arreglar el cotxe?*

Mietwagen

Ich möchte ein Auto mieten.	*Quisiera alquilar un coche.*	*Voldria llogar un cotxe.*
Was kostet die Miete ... pro Tag/pro Woche?	*¿Cuánto cuesta el alquiler ... por día/por semana?*	*Quant costa el lloguer ... per dia/per setmana?*
Wo kann ich den Wagen zurückgeben?	*¿Dónde puedo devolver el coche?*	*On puc tornar el cotxe?*

Unfall

Hilfe!	*¡Ayuda!/¡Socorro!*	*Ajuda!*
Achtung!/Vorsicht!	*¡Atención!/¡Cuidado!*	*Compte!*
Rufen Sie bitte schnell ... einen Krankenwagen/ die Polizei/die Feuerwehr.	*Por favor, llame en seguida ... una ambulancia/ a la policía/a los bomberos.*	*Truqui, si us plau de pressa ... a una ambulància/ a la policia/als bombers.*
Es war (nicht) meine Schuld.	*(No) Ha sido por mi culpa.*	*(No) Ha estat culpa meva.*
Ich brauche die Angaben zu Ihrer Autoversicherung.	*Necesito los datos de su seguro.*	*Necessito les dades de la seva assegurança seguro.*
Geben Sie mir bitte Ihren Namen und Ihre Adresse.	*¿Puede usted darme su nombre y dirección, por favor?*	*Pot donar-me el seu nom i la seva adreça, si us plau?*

	Spanisch (Kastilisch)	Katalanisch

Krankheit

Können Sie mir einen Arzt/Zahnarzt empfehlen?	*¿Puede recomendarme un médico/dentista?*	*Pot recomanar-me un metge/un dentista?*
Wann hat er Sprechstunde?	*¿A qué hora tiene su consulta?*	*Quines hores visita?*
Wo ist die nächste Apotheke?	*¿Dónde está la farmacia más próxima?*	*Hi ha alguna farmàcia prop d'aqui?*
Ich brauche ein Mittel gegen … Durchfall/Fieber/ Insektenstiche/ Verstopfung/ Zahnschmerzen.	*Necesito un medicamento contra … la diarrea/la fiebre/ las picaduras de insectos/ el estreñimiento/ el dolor de muelas.*	*Necessito un medicament contra ... la diarrea/la febre/ les picades d'insectes/ el restrenyiment/ el mal de queixal.*

Hotel

Können Sie mir bitte ein Hotel empfehlen?	*¿Podría recomendarme un hotel, por favor?*	*Pot recomanar-me un hotel, si us plau?*
Ich habe bei Ihnen ein Zimmer reserviert.	*He reservado aquí una habitación.*	*Tinc una habitació reservada al seu hotel.*
Haben Sie …	*¿Tiene usted una …*	*Té una …*
ein Einzel-/Doppelzimmer …	*habitación individual/doble …*	*habitació individual/ doble …*
für eine Nacht/eine Woche?	*para una noche/una semana?*	*per una nit/una setmana?*
Was kostet das Zimmer mit …	*¿Cuánto cuesta la habitación con …*	*Quant val l'habitació amb …*
Frühstück/Halbpension?	*desayuno/media pensión?*	*esmorzar/mitja pensió?*

Restaurant

Wo gibt es ein gutes, günstiges Restaurant?	*¿Dónde hay un buen restaurante económico?*	*Hi ha algun restaurat bo i econòmic prop d'aquí?*
Welches Gericht können Sie besonders empfehlen?	*¿Qué plato puede usted recomendarme?*	*Què em recomana?*
Die Speisekarte, bitte.	*¡La carta, por favor!*	*Em pot portar la llista de plats, si us plau?*
Die Rechnung, bitte!	*¡La cuenta, por favor!*	*El compte, si us plau!*

Essen und Trinken

Apfel	*manzana*	*poma*
Aubergine	*berenjena*	*albergínia*
Banane	*plátano*	*plàtan*
Bier	*cerveza*	*cervesa*
Brot/Brötchen	*pan/panecillo*	*pa/panet*
Butter	*mantequilla*	*mantega*
Ei	*huevo*	*ou*
Eintopf	*cocido*	*escudella*
Eiscreme	*helado*	*gelat*
Espresso	*café solo*	*cafè*
Espresso mit etwas Milch	*cortado*	*tallat*
Essig	*vinagre*	*vinagrè*
Fisch	*pescado*	*peix*
Fleisch	*carne*	*carn*
Gemüse	*verdura*	*verdura*
Huhn	*pollo*	*pollastre*
Hummer	*bogavante*	*llamàntol*
Kaninchen	*conejo*	*conill*
Kartoffeln	*patatas*	*patates*
Käse	*queso*	*formatge*
Lammfleisch	*cordero*	*xai*
Meeresfrüchte	*mariscos*	*marisc*
Milch	*leche*	*llet*
Milchkaffee	*café con leche*	*cafè amb llet*
Nachspeisen	*postres*	*postres*
Oliven	*aceitunas*	*olives*
Olivenöl	*aceite de oliva*	*oli d'oliva*
Orange	*naranja*	*taronja*
Pfeffer	*pimienta*	*pebre*
Pilze	*setas*	*bolets*
Reis	*arroz*	*arròs*
Rindfleisch	*carne de ternera*	*carn de vedella*
Salat	*ensalada*	*amanida*
Salz	*sal*	*sal*
Schinken (roh)	*jamón serrano*	*pernil serrà*
Schweinefleisch	*carne de cerdo*	*carn de porc*
Suppe	*sopa*	*sopa*
Vorspeisen	*entremeses*	*entremès*
Wassermelone	*sandía*	*sindria*
Wein	*vino …*	*vi ...*
Weiß-/ Rot-/ Rosé-Wein	*blanco/ tinto/ rosado*	*blanc/ negre/ rosat*
Weintrauben	*uvas*	*raim*
Zucker	*azúcar*	*sucre*

Register

L

M

N

O

P

R

S

Impressum

Chefredakteur: Dr. Hans-Joachim Völse
Textchefin: Dr. Dagmar Walden
Chef vom Dienst: Bernhard Scheller
Aktualisierung: Dr. Dagmar Walden
Lektorat: Astrid Rohmfeld
Bildredaktion: Astrid Rohmfeld, Cornelia Hübler
Kartographie: ADAC e.V. Kartographie/KAR, Computerkartographie Carrle
Layout: Suse Uhmann
Herstellung: Barbara Thoma
Druck, Bindung: Rasch Druckerei und Verlag

Printed in Germany

Ansprechpartner für den Anzeigenverkauf: KV Kommunalverlag GmbH & Co KG, München, Tel. 089/928096-53

ISBN 978-3-86207-108-1

Neu bearbeitete Auflage 2013

Bildnachweis

Titel: Antoni Gaudís Parc Güell.
Foto: Shutterstock (Pablo Cusine)

AKG: 92 – **Anke Bewer:** 26, 51, 121.1 – **Archiv E & B:** 1.1 (Wh.), 44.1 (Schuster/Schiller) – **CosmoCaixa:** 105.1 – **Disseny Hub Barcelona:** 53 – **DIZ:** 13.1, 13.2, 14.1, 14.2, 15, 87 (Rue des Archives) – **drumlin freie fotografen:** 20, 54, 69, 95 (Ernst Fesseler) – **F1online:** 86 – **FC Barcelona:** 40 – **Hartmuth Friedrichsmeier:** 81 (Scope/Pascale Desclos), 100 (Friedrichsmeier) – **Bildagentur Huber:** 4.3 (Wh.), 117 (R. Schmid), 9 (Wh.), 24, 84, 90/91, 126 (Gräfenhain), 19 (Massimo), 65 (Mirau), 101 (Kaos02) – **Cornelia Hübler:** 3.4 (Wh.), 15.1, 25, 103, 114 – **IFA Bilderteam:** 79 (Fufy), 98 (Age) – **Jahreszeiten Verlag:** 6 (Tim Langlotz) – **laif:** 2.1 (Wh.), 78 (Profimedia), 2.3 (Wh.), 108.1, 108.5 (Ana Nance), 2.4 (Wh.), 82 (Marc Dozier), 3.1. (Wh.), 3.2 (Wh.), 27, 28, 37 (Pierre Jacques/hemis), 3.3 (Wh.), 11.1 (Martin/Le Figaro Magazine), 89.2 (Bertrand Rieger/hemis), 119 (Frank Siemers), 7.2 (Fechner), 16/17, 46, 61, 63, 99.1, 129 (Gonzalez), 11.2 (Wim Van Capellen), 11.3 (Knechtel), 31 (John Frumm/hemis), 36 (Frank Tophoven), 38/39 (Bertrand Gardel/hemis), 43 (Peter Rigaud), 70 (Lange), 77 (Hoa-qui), 83 (Jean-Daniel Sudres/hemis), 89.1 (hemis) – **Lonely Planet Images:** 108.2 (Krysztof Dydynski) – **Look:** 1.2 (Wh.), 4.1 (Wh.), 10.2, 41, 73.2, 74, 88, 143.2 (Wh.) (age fotostock), 1.3 (Wh.), 66 (The Travel Library), 2.2 (Wh.), 108.3 (Jan Greune), 7.1 (Martini), 44.2 (Torsten A. Hoffmann), 60, 143.4 (Wh.) (Elan Fleisher), 73.1, 108.4 (Ingolf Pompe), 93 (Richter), 121.2 (Jürgen Richter) – **Mauritius images:** 4.2 (Wh.), 35, 38, 48, 52, 62, 64, 76.1, 76.2, 97, 104, 143.3 (Wh.) (AGE), 20 (CuboImages), 57.2 (Poehlmann), 56 (Torino), 75 (imagebroker/White Star/Monica Gumm), 96, 143.1 (Wh.) (Poehlmann), 107 (imagebroker/Jean-Pierre Lescourret) – **Schapowalow:** 8.1, 8.2 (Atlantide) – Shutterstock: U4.1 (KarSol), U4.2 (Zina Seletskaya) – **Martin Thomas:** 5, 10.1, 45, 105.2 – **TMB:** 132 – **Ullstein Bilderdienst:** 15.2 (Ulmer) – **Visum:** 34 (Björn Goettlicher) – **Thomas Peter Widmann:** 21, 33, 46, 47.1, 55, 58 – **Ernst Wrba:** 23, 29, 30, 32, 42, 47.2, 50, 57.1, 67.1, 67.2, 68, 71, 99.2